有機畑の生態系

有機畑の生態系

家庭菜園をはじめよう

三井和子

海鳴社

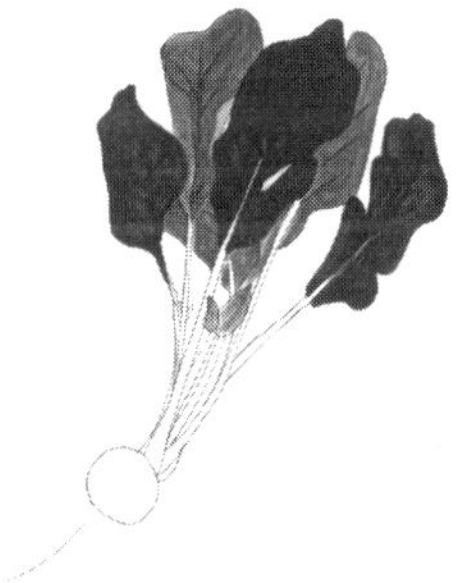

まえがき

有機野菜を手づくりし始めて十三年目になりました。初めの頃は作ろうとしている野菜が有機野菜であるという自覚は全くなく、数年後に、有機栽培がマスコミで頻繁にとりあげられるようになって初めて、手にしている野菜が有機野菜であることを知りました。畑では、種のまき方や水のやり方もよく解らず、手引書に書かれていること以前の段階で、次から次へと疑問にぶつかる有様で、日々悪戦苦闘の連続でした。それでもこの本に登場していただいた畑の周辺の方々や農家や種苗店の方々に教えていただいたり、大学の公開講座で学んだりして何とか野菜らしきものができるようになり、家族の健康には大いに役に立ってくれたと確信しております。

野菜ができるようになると、今度は、よりおいしくて栄養価の高い野菜がつくりたくなりました。土壌や有機質肥料の性質やできた野菜の内部品質につよく関心を抱くようになったのです。ここでも大学の先生方をはじめ多くの方々のお世話になりました。家族構成もかわり、家庭で消費する野菜の量が少なくなると、ますます畑とのかかわり方が以前とは違ってまいります。そこで十年目をむかえた三年前、お世話になった皆様方に感謝申し上げるために、素朴な気持ちで畑と向かい合っていた頃のエピソードを書き残したくなり、エッセイにまとめることにいたしました。この本はその時に書いた文章に加筆したものです。初めて野菜づくりに挑戦しようという方々に、少しでもお役に立てていただければ幸いです。

三年前に書いた文章を今読んでみますと、観察や考えが浅かったと感じる部分があちこちに見られます。しかし、初めの頃に考えたことや感じたことを大事にしたかったため、そのまま残すことにいたしました。また内容に流れをつくって読みやすくするため、エッセイの順序を入れ替えましたので、時間的に前後したところもございます。

この本を書くにあたって田中晶子氏には貴重な資料をご提供いただきました。心から感謝申し上げます。

海鳴社の辻和子氏には出版にあたり大変お世話になりました。厚くお礼申し上げます。

また、お名前を記すことはできませんでしたが、十三年間、野菜づくりや有機野菜の研究でお世話になりましたすべての皆様方に深く感謝申し上げますとともに、長い間畑をお貸しくださっている荻野正男ご夫妻に厚くお礼申し上げます。

二〇〇一年二月

三井和子

目次

第一章　わが家の菜園

初めて育てたレタス

わが家の菜園の誕生

畑をお借りできることになった

長いあいだ抱いてきた宿根草ガーデンの夢がかなえられる時がきた。畑をお借りできることになったのである。それも雑木林や茶畑の緑に囲まれて、おいしい空気に恵まれた場所にである。知人に宿根草をデザインしてフラワーガーデンをつくりたいという話をしたところ、畑を耕作する人がいなくなったので無償で貸したがっている人を何人か知っているという。

一年目の菜園

「遠くと近くとどちらにしましょうか」

「すぐに宅地にされそうにない所がいいわ」

夢のような話に飛び乗って、早速勧められたのが、家から五キロほど離れた市街化調整区域の一角である。自転車で二十分くらいとちょっと離れてはいるけれど、川にはさまれた畑は水の便もいいし、家の建たない地域ならずっと先まで続けられるだろう。ただ一つ付いた条件は、まず野菜をつくって、それから少しずつ花にしていくようにという、仲介の労をとってくださった知人の、地主さんへの配慮である。

野菜を育てるには肥料がいる。いつか新聞で読んだ欧米の農地の荒廃の特集記事を思い出した。化学肥料を使いすぎて、砂漠化したり塩類集積で使えない農耕地が増え、耕地面積が減って世界的な規模で食糧不足が問題になっているという。「砂漠化」の意味は何となく分かるような気がするけれど、塩類集積って何だろう。よくは分からないけれど、ともかく畑には有機質肥料を使わなければいけないらしい。

「でも、有機質肥料って、いったい何？」

夫にたずねると、子供の頃、田舎のおじいちゃんが畑に堆肥を施していたという。早速、身近に見ていた堆肥の作り方を思い出してもらう。おじいちゃんは稲わらと土を十センチくらいずつ交互に積んで、きれいな山を作っていたそうだ。鶏も飼っていたというから、きっと鶏糞なんかも積んでいたに違いない。田んぼのないこの辺では稲わらは手に入そうにないけれど、落ち葉なら簡単に集められそうだ。近くにはまだ雑木林があちこちに残っているし、ケヤキの並木道もそこここにある。ケヤキは埼玉県を象徴する木なのだから。秋になると夕立のように落ち葉が降る。

早速、家庭菜園の本を何冊も読む。どの本も化学肥料を使ってはいるけれど、堆肥の重要性を説いて、その作り方を説明している。

「野菜をつくるには土づくりがもっとも大事である。野菜を育てるのは畑の土で、人はその手助けをするだけなのだから」

という説明にいたく納得する。

「有機栽培」という自覚はなかったけれど、有機質肥料を使って、野菜が育つ土をつくること。これがいつの日か宿根草の花園に変身するはずの野菜畑のさしあたっての目標となった。家庭菜園の本に書いてある化学肥料の部分を堆肥や発酵鶏糞などの有機質肥料に置き換えて読み、ともかく野菜づくりをスタートさせることになった。農薬を使うということは、農作業の経験のない私には、まったく考えの及ばないことだった。

ＦＡＲＭのように広い菜園

二十年くらい前まで、地主さんの父親が、生前ミョウガを作っていたというこの土地は、千百平方メートル（三百三十坪）の広さがある。初めてこの土地に案内されたときは、その広さに大感激し、子供の頃あこがれたことのある自給自足の原始生活の夢が脳裏によみがえった。無知は人を勇敢にする。脳裏の夢はみるみる膨らんで大きくなっていく。

「こんなに広ければ、自給自足だってできる。山奥ではないので原始生活は無理だけれど、野菜くらいは完全自給ができるかも知れない。お米だって水稲はできなくても陸稲《おかぼ》ならできるはずだ。それに、市民農園のような小さなスペースとはちが

ミョウガ

って、身体全体で農作業ができて、よい運動にもなると思う。ジョギングはただ走っているだけでむなしい気がするけれど、野菜をつくるという目標がある作業なら、きっと楽しいに違いない」

農家の農地の広さを知らない頭の中に描かれた畑には、すでに「農園」という門柱が立てられていた。

読んでいる本には、どれにも「菜園」と書いてあるのに、頭のなかの「農園」の門柱はぴったり貼りついたまま離れない。数十年来のアメリカの友人にも手紙を書いた。FARMと書いた手紙の返事に、使われていた単語はGARDEN。

「ん？　GARDEN？　あんなに広い畑が『庭』ですって？」

欧米では菜園も庭園も同じガーデンなのである。ガーデンの起源は生きるための食物を供給する菜園で、次第に野菜といっしょに花も栽培されるようになったのだから。アメリカのFARMとは地平線までつづくほどの広さのある農園のこと。私にとってはFARMほども広いガーデンでの野菜の自給自足生活は、こうして始まった。

いよいよ形になった菜園

一九八八年の九月三日にこの土地をお借りしたとき、ここは私の背丈ほどもある雑草が一面に生い茂る原っぱだった。その雑草を毎日少しずつ鎌で刈り取っているのをお隣の畑のおじいちゃんが見ていらして

「早くしないと寒くなって種が播けなくなるよ」

すぐに農協に頼んで、草を刈った部分にだけ耕耘機を入れてくださった。おじいちゃんの歩幅で計って、八十坪あるとおっしゃった。

耕耘機《こううんき》で耕した後の原っぱは美しかった。伸び放題の雑草を見慣れた目には、黒一色の土に覆われた大地の広がりは感動的でさえあった。ところが、それから二週間ほど経って気がつくと、真っ黒だった土のカーペット一面に細かい模様が現れ始めたではないか。雑草が芽を出したのである。それも、ほとんどがヨモギやヒルガオなどの宿根草で、耕耘機に根を切り分けられて、畑中に攪拌されてしまった結果である。

移植ゴテで畑の端から宿根草の根を掘り出す作業が始まった。五ミリ程しかない根の切れ端からでも宿根草は芽をだして葉をつける。十五センチも土をかぶってるのに、エネル

ギーを与えてくれる太陽光のある方向を見失わずに伸びてくる。雑草の生命力の旺盛さを痛感しながら毎日二時間も腰をかがめて作業をつづけると、人間の方は身体がかがんだままの形に固まってしまって、元に戻らなくなってしまうような気分になる。家に帰ってからも、目をつぶると網膜に宿根草の根っこが映る。

「危ない、危ない」

と家族から声がかかる。宿根草の花壇を夢見ている私には、なんとも皮肉な話ではあるけれど、わが家の菜園の幕あけは、茎葉は枯れても根で冬を越し、気がつかないうちに地面の下で根を広げて、際限なく繁殖する雑草との戦いの始まりでもあった。

早速、畝と畝間の配置を決め、買ってきた堆肥と発酵鶏糞を鋤き込んで、種をまく準備に取りかかる。農家の人たちは畑全体を耕して、作付けの都度、畝を切って畝間と分けるけれど、自分が立っているその位置に種をまいたり苗を植えつけたりはどうしてもできそうにない。

「食事をするのも文字を書くのも、みなテーブルや机の上だ。自分の立っている場所とは別である。花壇だって通路とは最初から別々だ。野菜の根にはよくないとは思うけれど、気持ちよく野菜づくりができるよう、畝と畝間は最初から分けてしまおう」

頭のなかの畝は円形だ。ゆくゆくは花壇になるはずの菜園である。円形にして通路を放射状にとりたい。太いドーナツ型の円形の畝が七つに区切られ、白、ピンク、赤、オレンジ、黄、緑、青、紫、赤紫色の花や葉が虹の輪をつくることになっている。輪の中心に立つと、虹に囲まれたようなファンタスティックな気分に浸れるはずである。しかし、現実にもどると外周に近いところは幅が広すぎる。種をまいたり苗を植えつけたりするには手が届かない。放っておいても毎年花を咲かせてくれる宿根草とは違い、手間のかかる野菜には直線の畝でないと不便なのだ。東隣の茶畑も西隣の野菜畑も同じようにほぼ東西にのびる直線の畝。結局、両隣と同じほぼ東西の方向に畝を切ることにした。幅八十センチ、長さ十六メートルの畝が六十センチの畝間をはさんで十二本できた。

コマツナの味に吹き飛ばされた宿根草ガーデンの夢

十月に入り、いよいよ種まきを開始する。湿害を避け風通しをよくするために、畝は高い方がよいと、本で得た知識を夫が披露する。早速、十センチくらい高く盛り上げた畝に、

「この辺では畝はそんなに高くしないよ」

と言われながら、お隣の畑のおじいちゃんに種のまき方を教えていただいて、キャベツ、ホウレンソウ、コマツナ、シュンギク、カブ、ラディッシュ、ニンニク、キヌサヤを播き、あこがれのイチゴは住まいの隣家からいただいた苗を畝一本つかって植えつけた。

畑の土は、有機栽培で野菜が育つようになるまでには、最低三年かかると言われている。実際にやってみると、タマネギや春キャベツのような、栽培期間が長いものは、開墾したての痩せ地でも、堆肥や発酵鶏糞や骨粉を施すことで、初めから、まともなものを収穫することができる。キャベツは、種をまいてできた苗を全部植えつけたため、翌年の六月に大玉が百個ちかくも採れてしまった。農家は余分な野菜は捨ててしまうけれど、食べられる野菜を捨てるなんて、私にはとてもできそうにない。結局、処分に困り、車に積んで友人知人に配ってまわることになった。

初めてとれたキャベツ

手づくりキャベツは友人たちをびっくりさせた。ホウレンソウやコマツナのように葉がただ大きく育つだけでなく、キャベツやレタスのように、結球というパフォーマンスを演じてくれる野菜は、同じ葉菜類に属していても、素人の間では「作品」としての評価が高い。しかし、種をまきさえすれば、誰にでも簡単にできそうなコマツナやホウレンソウの方が、実は有機栽培の畑では、結構むずかしいのである。

野菜の養分の窒素が無機の形で含まれている化学肥料は、土壌水に溶けて、すぐにアンモニウムイオンになる。土の中には、これを酸化することでエネルギーを得て増殖する硝化菌がうようよいる。アンモニウムイオンはこの菌の働きで亜硝酸、さらに硝酸イオンに変わり、野菜はこれを吸収して育つ。堆肥などの有機質肥料は土に施されると、まずカビの餌となる。カビは呼吸でエネルギーを得たり、菌体を作ったりするのに炭素二十に対して窒素一が必要だ。窒素が余ればアンモニウムイオンの形で外に放出する。有機質肥料は、ここで初めて土に施された化学肥料と同じスタートラインに立つことになる。つまり、有機質肥料の場合は、化学肥料のように施した直後にすぐに野菜が吸収できる状態にならないので、野菜が育つのにも時間がかかるのである。

そんなわけで、種をまいてから収穫までの期間が比較的短いホウレンソウやコマツナは、野菜の養分がゆっくりと供給される有機栽培では、土が養分を蓄えて、ふかふかになった畑でしかまともなものはできない。草ぼうぼうの荒れ地を開墾して畑にしたての頃は、比較的速効性のある発酵鶏糞を施しても、スーパーに並んでいるような立派なコマツナやホウレンソウはできなかった。それでも、初めてできた十数センチの小さなコマツナは、手塩に掛けて育てた者にとっては、宝物のように貴重な収穫物である。

そのコマツナを入れた味噌汁の味がとてもおいしかった。お椀から立ち上る湯気とともに漂う新鮮な香りと、口に含んだときの何とも言えない独特の風味は、私の味覚にとっては初めての感動的な出会いであった。自分で作った野菜はおいしいという手前味噌の掛け値など問題にならないほどコマツナの味の印象は強烈で、長いこと抱きつづけてきた宿根草ガーデンの夢を一瞬のうちに吹き飛ばしてしまった。

「こんなにおいしい野菜がとれるなら、花より野菜の方がいい。こんなに広い畑だもの、いつかは花も作れるだろう」

ひとまず花はあきらめたけれど、野菜はやがて花をつける。開放的な畑には、よそから野菜の種だけでなく花の種も運ばれてくる。風や鳥の贈り物である。わが家の野菜畑はいつの間にやら花も野菜も楽しめるキッチンガーデン、それもごく自然体のキッチンガーデンになっていった。

畑という未知の世界では、毎日のように新しい発見や感動がある。こころ打たれたことは誰かに伝えたい。食卓で夢中になって話す私に

「どんなことにも感動できて、うらやましいね」

と夫。野菜より肉の好きな息子たちも畑の話題には乗ってこない。友人たちは、内心

「いつまで続くことやら」

と思っている様子がありありだ。そんなことには頓着せずに、楽しい畑の話をする。田舎で子供時代を過ごした人たちは、みな

「なぜ畑なの？」

と怪訝そうに尋ねる。まるで野菜づくりなど価値がないと言わんばかりである。こんなに楽しいことなのに、なぜみんな白けるのだろう。しばし立ち止まって冷静に考えて見る。

「そうだ、今や時代は宇宙の時代だ。女性だって『翔んでる女』が最先端。人類の歴史は

土から離れる方向で発展してきたのかも知れない。それなのに、土にしがみついているなんて、きっと時代遅れだと思っているに違いない。私って頭が古いのだろうか」

そんなある日、カーラジオから流れる声に釘付けになった。

「日本人は戦後、一生懸命働いて家を建て、お金を貯めて海外旅行にも行きました。今度は昔に還って、土に触れることが楽しみになるはずです。これから三十年は農の時代がつづくでしょう。フランスでも……」

有名な歴史学者のお話である。どうやら私は時代遅れではなかったようだ。ちょっとお先走っているだけだったのだ。

豊かな水と緑に囲まれて

野菜づくりを始めて数年後、現在のウィークエンド・ファーマーがまだパートタイマーのように毎朝畑へ出向いていた頃の話である。

夏の日の早朝、畑を耕していると、若い男性が小川の淵の草ぼうぼうの小道から畑に入ってきた。

「サトイモの葉を見せていただきたいのですが、よろしいでしょうか」

見上げると、小川に架かった橋のあたりに子供たちが数十人並んでこちらを注目している。どうやら小学校の先生のようである。快く承諾すると、子供たちが畑に入ってきて、サトイモの畝の横に群がった。大きな葉の上でダイヤモンドのようにキラキラと朝日に光って転がる透明の粒を指さしながら、先生が説明を始める。

「昔はこのサトイモの葉の上に溜まった水滴を集めて、飲料水にしたのです」

朝露がそんなに貴重だった時代があったのだ。

高い台地の上に位置する所沢市は水脈が深く、干ばつに見舞われると干上がる井戸が多かったそうだ

朝露をのせたサトイモの葉

が、本当にそんなに水に飢えていたのだろうか。近くに湖があるではないかとも思ったが、その狭山湖は人造湖で、あくまでも東京都民の上水源として昭和九年に造られたものなのだそうだ。狭山湖のすぐ隣には都県境をはさんで多摩湖がある。この多摩湖がまだ村山貯水池と呼ばれていた頃、都心から小学校の遠足に来たものである。その頃の狭山湖は、まだ山口貯水池と呼ばれていた。どちらの湖も水源としてはこの町とは関係なく、地元市民の上水源は荒川水系にあるという。

そういえば、市内では田圃《たんぼ》を見ない。地元の人の話によれば、このあたりは昔から水源が乏しかったため、水田はごく限られた地域にしかなく、陸稲《おかぼ》を作るのが一般的だったそうだ。そのためか、この町の名物といえば、全国的に名のとおった狭山茶もあるけれど、市内では焼き団子があちこちで売られている。陸稲は水稲のようにおいしくはないので、粉にひいて団子にまるめ、焼いてタレを塗ることで、味を良くして食べる工夫をしたのだそうだ。

米の代わりに小麦で作るうどんが盛んに食されているのも、水田用の水源が少ないためである。都内の知人が名古屋からお中元に送られた乾麺がとてもおいしかったので、メーカーを調べてもらったところ、なんと所沢産だったという。所沢のうどんはコシがあって確かにおいしい。

「火事は土（どろ）で消す」といわれたくらい水に乏しかったこの町が、もっとも恐れたのは火事である。農家は上州（群馬）から吹き下ろす空っ風ともらい火を防ぐため、昔から家の背後に林を控え、火の粉が屋根に届くのを防いでいる。数十年前のこと、畑の近所に火事があったときには、この小川の水をせき止めて火を消したそうである。

高台にある所沢の市内でも比較的低地に位置し、砂川堀と呼ばれる狭山湖の出水《でみず》に挟まれたわが家の菜園は、お陰様で水には恵まれている。川の縁から水を汲み取ることのできる南側の小川が畑の水の給水源で、家庭排水の放流の少ない早朝や昼下がりの時間帯の水を汲み置きして使う。この小川は、降雨が続く梅雨時には氾濫してあたり一面が水浸しとなり、夏場の渇水時には水量がごくわずかに減る。春にはセリやノビルなどの野草が川岸に繁茂し、対岸の墓地をいただく高台から小川までの急斜面をおおう雑木の中には、栗の木も混じっていて、秋には小粒のあまい山栗を落としてくれる。

北側の川は土手の下一メートル二、三十センチのところを流れている。川に渡した橋の長さが三、四メートルという川幅だが、水量は少なく、以前氾濫して木の橋が流され、現在の石橋が架けられたという近所の人の話も、今の川を見ているかぎり現実味が感じられない。川向こうには茶畑が広がり、その茶畑は、わが家の菜園の東側にまで伸びて、南側の雑木林とは対照的に、広々とした景観をつくっている。

西側には「お隣のおじいちゃん」の子供さんたちの家が三軒ならび、その間に残された畑は三軒のための家庭菜園である。おじいちゃんが百メートルほど離れた自宅から、せっせと野菜づくりに通っていらっしゃる。真夏の日曜日の早朝、息子さんがパジャマ姿でキュウリやトマトをもいでいるのを見かけたときなどは、これぞ贅沢の粋と思ったものである。

冬はシラサギ、夏はキジ

春の菜種梅雨が明けると、いよいよ雑草が緑のカーペットを演出し、生き生きとした季節の到来を告げてくれる。雑草は活きがいい。毎年、生まれ変わってリフレッシュする草たちに、年々歳々人同じからずして体力の衰えゆくウィークエンド・ファーマーが、自力で対抗しても、イタチゴッコの半年がつづく。ちょっと気を許し、草刈りを怠ると、畝が占領され、野菜をお日様から隠してしまう。さらに、近所からの苦情も、いろいろな形で伝わってくる。

そんな訳で、毎年、春から秋にかけては、草刈りがわが家の菜園の農作業の大半を占めることになるのだが、畑をはじめて十年目の今年は、夏の初めに地主さんが空き地にユンボ（掘削機）を入れてくださった。土を天地返しして雑草の繁殖を抑えようというのである。一時《いっとき》、緑のカーペットはこげ茶色に変わって、何もなくなったかに見えた。その空き地の一角に、小振りのニワトリの卵に似た卵を十一個見つけた。

「何の卵だろう。ヘビかなぁ。そういえば、この辺でヘビを見かけたことはない」

隣家のご主人の話では、数日前、キジがこの辺をうろ

キジの雄

うろしていたという。草むらに隠れて卵を産んで孵《かえ》していたのに、ユンボの唸りに驚いて逃げ出してしまったのだろうか。ユンボのオペレーターが、気をきかして、卵の入った巣をいったん他所に片づけて、作業が終わってから元に戻しておいたのだろう。キジ夫婦は、静けさを取り戻した原っぱに帰ってはみたものの、天日にさらされた卵を前に、さぞかし狼狽していたに違いない。早速、枯れ枝や枯れ草を集めて卵を隠してやったが、たとえ、キジが戻ってきたところで、もう、卵が死んでしまっているので、孵らないという。それに、キジはまた産卵できるので、悲観することはないそうだ。キジは戻ってこなかったが、数日後、畝に卵が一個落ちていた。空き地の囲いを見に行くと、十一個あった卵は、跡形もなく消えていた。あわてんぼカラスが、くわえて逃げる途中に落としたのだろうか。それとも夕ヌキの仕業《しわざ》かな。

八月に入ると、南側を流れる小川の対岸の急傾斜の木立の中から、聞き覚えのある「ケンケン」という鳴き声がしてきた。そして、その数日後の夕方、畑に着くと、つるなしインゲンの茂みの中から、キジの子が三羽、飛び立っていった。

「ああ、よかった。あれから、キジは再び産卵して、何羽孵ったか分からないけれど、三羽だけは元気に育っているのだ」

私たちがこの畑に来る前から、キジはこの地に住み着いていた。初めてキジを間近に見たときは、桃太郎の絵本そのままのカラフルな雄鳥に心が躍ったものである。夏になると、番《つがい》で畑にやってきては、畝といい、畝間といい、スタスタと歩き回って、隣の茶畑の方へ去っていく。数年前には、夫が畑で交尾しているのを見たという。

冬になると、北側の川に、シラサギがやってくる。流れの中にくちばしを入れて、餌をついばんだり、時折、純白の羽を片側だけ広げて見せたりする姿は、まるで絵のようである。この春には、カモが数羽、置物を置いたように、川岸に休んでいた。

わが家の菜園では農薬を使わないので、鳥たちも安心して寄ってくる。そのため、イチゴもトマトも鳥よけネットを張ることにしている。それなのに、ネットの下から無理に潜り込もうとして、糸に絡まって死んでいる鳥が、初めの頃は何羽もいた。鳥も学習するのだろうか。ここ数年は、そんなこともなくなった。

地下街もあるわが家の菜園

夏どりのブロッコリーは惨めだ。つぼみの丸い塊がまだ小さめのうちから、少しずつ収穫を始めるが、収穫が遅れるとつぼみのついた小枝が勝手気ままに伸び出して、野菜であることをすっかり忘れたかのように花を咲かせる準備をはじめる。小さな花蕾《からい》がいくつも集まってはいるが、まるで一つの塊のように表面がまるく滑らかに揃っている、あの緑濃い冬のブロッコリーとはまるで違う。それなのに、毎年、秋から冬、春から夏の二作つくるのが習慣のようになっていて、今年もまた作ってしまった。味や栄養分もさることながら、手軽に料理を引き立ててくれる名脇役として重宝するからである。冬のブロッコリーは、脇からでる分枝の花蕾もふくめると三、四か月ものあいだ食卓をにぎわしてくれるけれど、夏のブロッコリーは、あっという間に収穫期が終わってしまう。

秋に備え、別の畝に植えつけた秋どりの苗に期待を託し

畑のブロッコリー

て、古いブロッコリーの残さを処分した。跡地の五メートルほどの畝にホウレンソウの種をまく準備を始める。五メートルでは、耕耘機を出すのも面倒だ。三本刃の備中鍬《びっちゅうぐわ》の先端をアヒルの足のように平べったく広げた「あひる備中」鍬で鋤きはじめる。二メートルほどのところで、土に鍬を入れた瞬間、何者かがサッと飛び出して、隣の畝のエゴマの茂みに逃げ込んだ。一瞬の出来事で、何事が起きたのか分からないまま土に目をやると、落とした鍬の先から十センチほどのところに窪みがあって、人差し指くらいの小さな動物がもがいている。ピンク色した生まれたての乳児である。

「ネズミだろうか。ネズミ算という言葉があるくらい繁殖力の大きいネズミが、一匹しか子を生まないというのはおかしい。沢山いた子供を、親がくわえて逃げたのだろうか。しかも、肌の色がネズミ色ではないのも変だ。これから毛が生えてネズミ色になるのだろうか。それに、ネズミが土の中で子を生むのだろうか。そうだ、モグラかも知れない」

近所の人の話では、モグラは生まれたときから手が大きく、しっぽが短いそうだ。反対に、畑に多いクマネズミのしっぽは身体より長いという。突然の出来事で、よく観察する余裕はなかったが、手の大きさやしっぽの長さが印象になかったので、どうやら短尾で背中が褐色の畑ネズミのようである。畑ネズミは、モグラと同じように畑や草原の地下に複雑なトンネルを掘って棲んでいるという。そしてトンネルには、球形の室にわらを集めた巣があり、食物の貯蔵庫やトイレも備えているそうだ。まるでおとぎ話の世界ではないか。それに、いつも多産とは限らず、一腹一匹のこともあるという。

畑にできたトンネルの出口と思われる穴に二種類ある。掘った土が穴の上にこんもり盛られているものと、穴の横に積まれているものとである。出口を盛り土でふさいでしまうのがモグラで、横に掘り出すのがネズミだということを初めて知った。モグラは肉食なので、ミミズなどの小動物しか食べない。根菜類や果菜類にかじった痕があるのはネズミの仕業である。

畑の隣家のご主人が、最近、体長が二十センチ、尻尾を入れると四十センチもあるドブネズミを四匹も捕まえたという。そうすると、うちの畑にはネズミだけでも数種類いて、畑の地下には、モグラやネズミのトンネルが縦横に張り巡らされた別世界が存在していることになるのだろうか。もし、これが本当だったら、一年を通して野菜を供給しているわが家の菜園の地下に住むネズミたちにとっては、スーパーの隣に家を構えているようなものに違いない。そして、その地下街の上でせっせと野菜を作っている私たちは、なんとも複雑な思いに駆られるではないか。

豊かなくらしもプレゼント

大気のなかでリフレッシュ

「一年のうちの一週間や二週間なんて、誤差みたいなものですよ」

といって笑うのは夫の友人。小学生の子供さんといっしょにぷっくり太ったサツマイモを掘りに来ているのである。

「野菜は買わないんですか」

という質問に

「ニンジンは沢山作っても人にあげてしまって、毎年、夏ニンジンができるまで一、二週間は買うことになってしまいます」

という返事への感想である。サツマイモの収穫は秋も深まりつつある十月下旬。わが家の菜園の小動物たちにとっても収穫期にちがいない。そのうえ、晴天がつづき空気が乾燥すると、生き物たちは野菜で乾きを癒そうとする。そこで、かわいそうだけれど虫やネズミたちに食べられる前にサツマイモを掘らなければならない。イモ掘りは子供たちの楽しみのひとつ。ここは子供たちに任せることにする。

六月に収穫するジャガイモは、知り合いの小学生の男の子がやってきて掘ってくれる。掘った後、キャベツについた青虫や堆肥枠の中からカブトムシの幼虫を探しては、畑中を跳び回る。わが家の菜園は野菜をつくる私たちだけでなく、子供たちにとっても新鮮な発見の宝庫なのである。

菜園の大気のなかで、野菜たちと戯れていると、身体によいことが沢山ある。清浄な大気を吸って身体中に生気をみなぎらせたり、農作業をすることで足腰が鍛えられるのはもちろんである。畑から帰ると、食事がとてもおいしくて食が進む。食は進むけれど、野菜を沢山食べるので、その分体重が増えるわけでもない。それなのに、数年前までは真夏のノースリーブのブラウスの中で泳いでいた身体が、今では同じブラウスの肩のあたりがきつく感じるようになった。よくよく眺めてみると、肩から腕にかけての筋肉がいかにも逞しく、胴の割に太い腕が異様に感じる。農作業にはいろいろな種類がある。若い頃、腕の使いすぎでテニス肘や腱鞘炎にかかったりして、今でもその後遺症は残っているけれど、「いろいろな作業を少しずつ」を心がけているうちに、弱い部分をカバーするようにあちこちの筋肉が発達したのだろうか。

農作業で身体を動かすことで、肉体的には毎年市が実施する健康診断にパスできる健康が維持できているけれど、それにも増して野菜づくりの精神的なメリットは大きい。ストレスを生み出す人為的な社会環境から自然という刺激のない環境に入ることで、日常の雑事から開放され、精神的に大いにリラックスできる。こころの洗濯ができるのである。欧米諸国ではガーディニングが医療に取り入れられ、園芸療法が確立されており、身体的、知的、心理的リハビリテーションに利用されているという。最近では日本国内にも導入されているそうだ。そこにいるだけで、よい気分になり落ち着くという環境的効果はもちろんだが、園芸作業そのものの楽しみややりがいなどの、行動することで得られる効果、いっしょに作業する人がいれば、作業を通じてコミュニケーションを図ることもでき、心理的な効果や社会性を育てる効果も期待されての療法である。園芸療法とまでは行かなくても、今はやりの英国のガーデニングでもキッチンガーデンのデザインに現実との隔離感を求めている。

心身ともによいことが盛りだくさんのわが家の菜園だが、野菜を育て花を咲かせる太陽の光が、人間にも直接特別なプレゼントを贈ってくれるというおまけまでついている。人の脳内ホルモン、メラトニンは、光によって生成を促され夜になると分泌されて、睡眠という大事な仕事をしてくれるという。昼間外に出て日光に当たると寝つきがよくなるというのは、このためだそうだ。さらに日光は、人の体内でカルシウムの吸収を調節するビタミンDをも作ってくれる。ただ光に当たっているだけで作ってくれるのだから、太陽はなんと面倒見のよいことかと思う。

太陽なんかこわくない

買い物に出かけたスーパーで数年ぶりに出会った友人が、わたしの顔をじっと見つめる

こと数秒間。思わず口をついて出た言葉が
「色白の方だとばかり思っておりましたので、どなたか分かりませんでしたわ」

私ってそんなに黒くなったのだろうか。

わが家の菜園はよいことずくめだけれど、毎週通っているうちに、面倒見のよい太陽は「大きなお世話」もしてくれる。日焼けによるシミ、シワも作ってくれるのである。

まだ若かった初めの頃、畑へ出向くいでたちは、手ぬぐいでほおかむりした上にムギワラ帽子をかぶり、白いワイシャツと古いジーンズに地下足袋すがた。地下足袋の下には指のある靴下をはく。これだけで、いっぱしの農婦になった気分に浸れる。友人たちから
「なぜ畑仕事に白いシャツなの？」

という素朴な質問がでる。息子たちのお古のワイシャツが何枚もあるからというだけの理由である。

若い皮膚は回復が速い。初めの数年は日焼けやシミも気にならなかったのだが、量から質への転換はここでも起こった。数年間の積み重ねが一挙に爆発して、急にシミやシワが増えだしたのである。よく見ると、背中は衣服を通した光線で真っ黒だ。鏡の前に五分と

立っていられないせっかちの私には、マッサージとか手間のかかるパックは不向き。つけるだけで簡単に効果が期待できるワンタッチの方法を考えることにする。老化防止に効くという冬瓜《とうがん》の皮を日本酒に漬けて、自家製の化粧水を作る。日本酒には、美白効果のある麹酸《こうじさん》が入っていると勝手に思い込んでのことである。野菜はもちろんのことビタミンCの多い果物も意識して摂るようになった。庭に柿の実がみのると、朝も昼も晩も柿の実を食べる。「柿が赤くなると、医者が青くなる」と言われるほど、柿はビタミンCが多く含まれていて身体によいという。実が豊富につく「表」の年にくらべて、一休みの「裏」の年は冬になっても顔のシミが薄くならないように思えるのは気のせいだろうか。

日焼け防止の究極の対策は、覆面である。サングラスの目だけ出して、手ぬぐいで顔をおおってしまうのである。初めて手ぬぐいで覆面をしたときは、ときどき畑に遊びにくる近所の子が

「おばさん、こわい！」

といって逃げていった。

秋田県の本荘周辺では、昔から黒木綿で顔をおおう習慣があるという。目鼻以外をすっ

ぽりつつんだ黒覆面は、歌舞伎の黒子を連想させ、どう考えても時代劇の世界としか思えない。人影まばらな田舎道で、そんな黒覆面にばったり出会った日には、よそ者の私なんぞは、きっと足がすくんでしまうだろう。しかし、黒覆面をはずしたら、中から色白の秋田美人が現れた、などというのは、結構ドラマティックかもしれない。

タナと呼ばれるこの黒覆面は、理にかなっていて実用的だ。白い手ぬぐいでは、光線が乱反射して、結局、皮膚に届いてしまう。白いワイシャツの下の背中が、真っ黒に焼けているのがその証拠。ＵＶカットの布地も開発されていると聞くけれど、手ぬぐいほど柔らかいものではないらしい。光を吸収してくれる黒や紺色の手ぬぐいが手に入らないので、ガーゼの二重手ぬぐいを使うことにした。

この覆面、日焼けを防ぐだけでなく、保湿効果も期待でき、特に冬場は肌によい。シミだけでなく、シワの防止にも大いに役立っているはずである。落ち葉集めのときなどは、ほこりを防ぐマスクにもなる。さらに、路上の落ち葉を掃くときには、信号待ちのドライバーの視線からも身を守ってくれる。路上で知人に出会ったことがあったけれど「変なおばさん」に会釈された彼女は、誰か分からず困惑した。覆面は、人から見れば「変なおばさん」でも、皮膚が「おばぁさん」になるのを防いでくれる大事なプロテクターなのである。このプロテクターがありさえすれば、太陽なんかこわくない。

「とりたて」が野菜のいのち

菜園があると、とりたての新鮮な野菜が食べられる。野菜は収穫した後も糖を分解することで呼吸をつづけるので、時間の経過とともに、糖から作られるビタミンCも甘味とともに減ってしまう。収穫してから二時間後にはキュウリのビタミンCは取り立ての六十一パーセントに、ホウレンソウは三十三パーセントに、ピーマンは十七パーセントに落ちてしまったという実験結果をテレビで見たことがある。トマトは果皮が強く、そのうえ酸が多く含まれているので、ビタミンCが比較的安

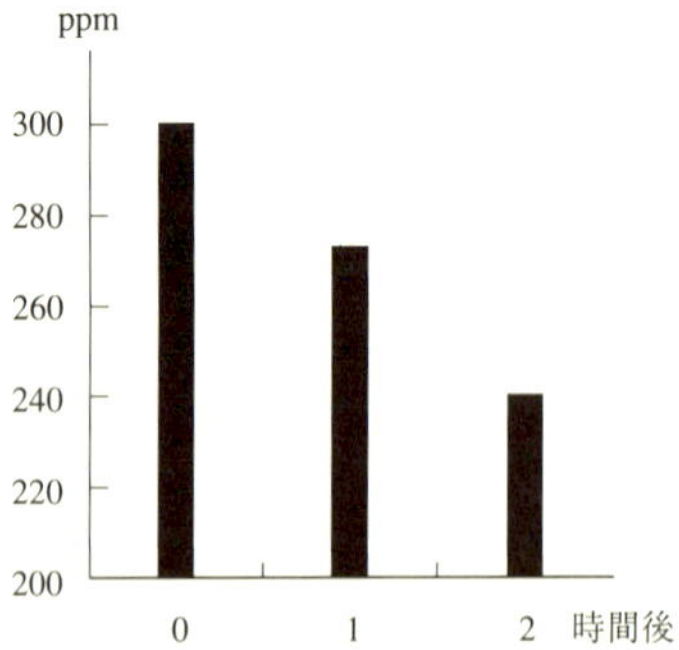

トマトのビタミンcの消長
（4月に収穫した5個の平均値）
（田中晶子氏、1998）

定していて減りにくいけれど、ピーマンは酸も少なければ果皮も柔らかいため収穫後は急速にビタミンCが減ってしまうのだという。収穫後の野菜がスーパーなどの店頭に並ぶのは、ホウレンソウの場合で普通速くて二日後である。収穫後すぐに冷蔵庫に入れて予冷をし、低温を維持する努力がなされてはいるけれど、気温が高い季節ほど品質の低下は激しい。

同じ野菜を同じ量だけ食べても、買った野菜にくらべると、とりたて野菜は味がおいしいだけでなく、ビタミンCをはるかに多く摂れることになる。人間の体内で免疫機能を高めてくれて、病気の感染を防ぐ働きをしてくれるビタミンCは、ビタミン類の中ではもっとも大量に必要な成分でもある。それなのに、他のビタミンのように人間の体内で合成されないので、どうしても食物から摂らなければならない。手づくり野菜で大量に摂れれば、病気の予防効果だけでなく、シミなどを防いでくれて美容効果も期待で

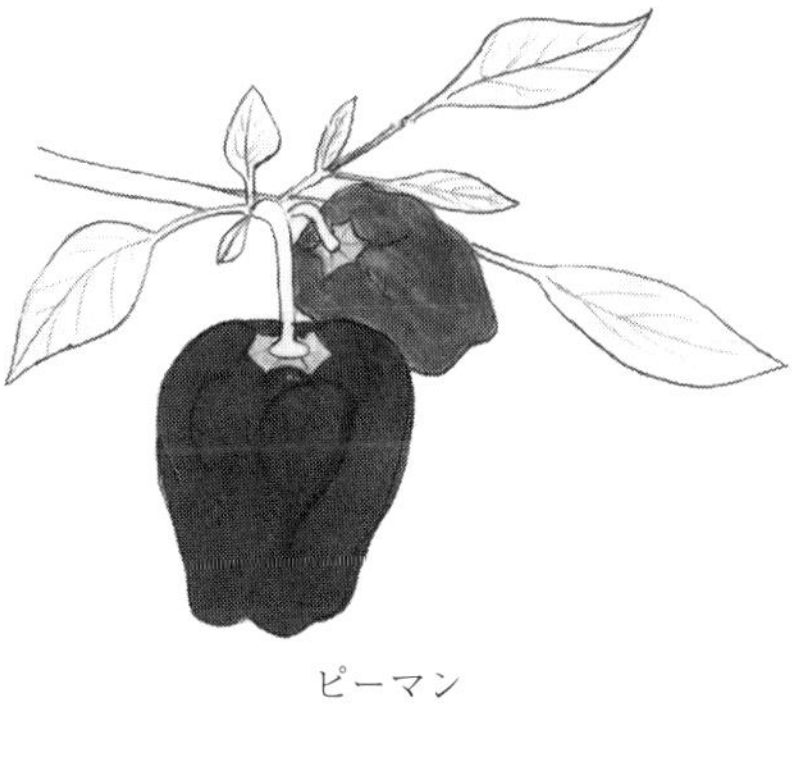

ピーマン

きる。わが家のように家から五キロも離れていると、毎日収穫してとりたてを食べるというのは無理だけれど、一週間分を持ち帰ってすぐに冷蔵庫に保存すれば、低温で野菜の呼吸が抑えられ、呼吸に必要な糖分の消耗もかなり防げるし、糖からつくられるビタミンCも長持ちする。

畑で野菜を手づくりしていると、試しにいろいろな種類の野菜を作ってみたくなる。種をまいて育てれば、やがて収穫期がやってくる。収穫したものは、食べるしかないのである。食べず嫌いだった野菜が意外においしいことに気づいたり、嫌いだったはずの野菜も思っていた味とは違っていたり、ここでも新たな発見がある。ピーマンの嫌いな子が、自分で収穫したらピーマンを食べるようになったという話を聞いたことがあるけれど、大人とて同様。野菜を手づくりするようになってからは、以前は決してスーパーで買うことのなかった豆類やミョウガや谷中ショウガなど、いつの間にやら

「これ、おいしい」

と言いながら食べている自分に気がついた。おかげで年中行事のような季節の変わり目の風邪ひきとも縁がなくなった。きっと、週末には自然につつまれて心身をリフレッシュさ

せ、毎日いろいろな種類の野菜を新鮮なうちにいただくようになったことが相乗効果を発揮したに違いない。そして何よりの収穫は、野菜ぎらいの息子たちがキャベツやレタスのサラダはもちろんのこと、カブの葉の煮物まで食べるようになったことである。

暮らしを変えた野菜づくり

野菜づくりを始めてから、五キロも離れた菜園の空気がわが家の台所にも居間にも流れ込んできた。台所では野菜を洗う仕事が増えた。四人家族の一週間分の野菜洗いは結構、時間がかかる。間引き菜やニラなどの細かい野菜を収穫した日には二時間ちかくにもなる。食後の家事を済ませた後、眠たいのを我慢して夜中の一時過ぎまで流しの前に立っていたこともある。野菜づくりの趣味をもつ友人の夫が、畑からネギをとってきて台所に置いたら、しなびてしまうまでそのま

キャベツの黄色い小花

まだったと嘆いていたが忙しい奥さんの気持ちがよく分かる。洗って冷蔵庫に入れてから、

「ネギを冷蔵庫に入れておいたよ」

などと言ってくれる夫がいたら最高。

仕事も増えたが、食卓のメニューも増えた。なにしろ、次から次へといろいろな野菜がとれるので、新鮮なうちに食卓に並べたい。ブロッコリーやアスパラは料理らしい料理をつくる前に、まずとりたてを電子レンジでチンしてマヨネーズでいただく。甘くて素材そのものの味が楽しめる簡単メニューである。フレッシュサラダはわが家の十八番。野菜ぎらいの息子たちもモリモリ食べる。わが家の菜園、キッチンガーデンは、文字通りキッチン代わりのガーデンで、キッチンでする調理を半分以上ガーデンで済ませてくれるという特別な意味があるようだ。生でいただけるものはできるだけ生で、というのがわが家風。などと言うと、かっこよく聞こえるけれど、実は結婚したての頃は味噌汁の作り方もまともに知らなかったという恐るべき主婦の生活の知恵である。

そんな主婦でも家族の健康には敏感である。テレビ番組で
「生野菜は歯で噛んだだけではほとんどの細胞が壊れないので、せっかくの栄養分も十分

吸収されません。煮ることではじめて細胞が破れて中の養分が汁に溶けだしてきます。ですから煮野菜を煮汁といっしょにいただく方が野菜の量をたくさん食べられるだけでなく、栄養分もはるかに多く摂れるのです」

と聞くや、早速その先生の著書を読み、

「なるほど、なるほど」

と大いに納得する。おかげで、今では煮野菜のメニューが増え、フレッシュサラダに加えて煮野菜が毎日食卓に並ぶようになった。

居間では夫婦の会話が増えた。共通の趣味、それも生き物相手の趣味なので、季節に追われて逃げだせない。週末の作業予定やつくりたい野菜の話から始まって、本やテレビで得た情報交換が始まる。自然に野菜情報をキャッチするアンテナが身体中に張り巡らされているようで、図書館で借りる本も野菜に関するものや有機農業に関するものになる。じっくり鑑賞するテレビの番組や新聞記事も、農業関係のものが多くなった。

農作業は、始めのうち、夫が手伝い程度のときはお互い楽しくやっていた。ところが数年たって夫がのめり込み始めると頭が二つになり意見の対立が起こるようになった。夫は畑仕事も会社の仕事と同じように几帳面に対処する。

「仕事じゃないのだから、もっと気楽にやりましょう」

と言い続けること数年間、いつの間にやら作業の分担も落ち着いて「……ねばならない」を排除した。こんな私でも、傍らから見ると

「なぜそんなに一生懸命なんですか」

と聞かれるのだから不思議である。

のんびりやっていると、野菜はいつの間にやら花になる。畑で見る花も美しいけれど、切り花にして部屋に持ち込むと、野菜の花に多い黄色の小花が部屋をぱっと明るくしてくれる。猫の額ほどの庭に移植すると、同じ花なのに違った雰囲気が楽しめる。花をつけたブロッコリーやキャベツは草丈が高く、空間での広がりも伸びやかで、花壇に立体感を出してくれるから有り難い。菜園と庭園がミックスしたキッチンガーデン、つまり野菜と花が共生するキッチンガーデンの特徴の一つは、野菜の花が溢れんばかりのボリューム感を演出してくれることにあるようだ。

有機栽培のベテランによると、一家族の野菜は二アール（六十坪）あれば自給できると

いう。ウィークエンド・ファーマーのわが家では、ベテランのように効率よくはできないうえ、あれもこれも作ってみたいという好奇心の旺盛さにつられて、つくりたい野菜の種類がどんどん増える。増える野菜に対処するため四年目の冬に耕地を広げることにした。畝を増やして全体の広さが四アール（百二十坪）にもなると、のんびりやっているつもりでも野菜は結構沢山できる。初めの頃は、冷蔵庫が野菜でいっぱいになると

「これも食べなくては、あれも食べなくては」

と強迫観念におそわれた。そのくせ、週の中ほどで晩ごはんのメニューに必要な材料が足りないと気づくや、自転車で片道二十分もかけて野菜を採りに行ったりもする。まさに野菜に振り回され放しの数年間だったけれど、十年のキャリアになればこれも卒業。今では野菜に気を遣わない。多めに収穫して一週間後に残った野菜は、土に返して微生物の食事に回すことにしている。

畑には常時三十種類くらいの野菜が植わっている。あるものは土の中で出番を待っていたり、またあるものは生育過程にある。収穫できる状態のものは、いつも十種類前後になるだろうか。初めの頃、野菜を切らしてしまいがちだった端境期《はざかいき》の三月下旬から四月にか

けてでも、今では七、八種類は採れる。もしかしたら、菜園のあるこんな暮らしが「豊かさ」というものなのかも知れないと思ったりもする。

長つづきできるウィークエンド・ファーマー

頼りにされているわが家の菜園

「畑、まだやってるの」

久しぶりに話す友人の声が、受話器の向こうから飛び込んでくる。

聞き慣れた質問に、

「うん、やってる」

と応えるのが常だったが、最近、ふと、この質問に疑問を感じるようになった。野菜づくりは「一過性の趣味」と考えるのが常識なのだろうかと。そういえば

「私も、以前、野菜をつくっていたの」

という友人、知人の顔が、いくつも脳裏に浮かんでくる。皆一様に
「おいしかったんだけど……」

という。手づくりの野菜は、たとえ見た目が悪くとも、取り立て特有の生きた味が堪能できて、一度味わったことのある人なら病みつきになるはずである。しかも、新鮮だからこその栄養素も、そっくりそのままいただける。

「それなのに続かないのはなぜ？」

やめた理由はいろいろだ。忙しくなったからとか、今年は市民農園のくじにはずれたからとか、引っ越して庭や借りる畑がなくなったからなどなど。

「庭いじり」が「ガーデニング」とイメージチェンジしたように、「家庭菜園」が「キッチンガーデン」と呼ばれるようになっても、手間や労力が大きく省けるようになったわけではない。そのうえ、季節や天候に振りまわされるため、予定どおりに事が運ばず、用事が重なったときや体調の悪いときには、心身ともに大きな負担になる。調子のよいときは、気分転換やストレスの解消に大いに役立ちはするけれど、そういつもいつも楽しいことば

かりではないのである。やめてしまいたい気持ちはよく分かる。

今日は、畑をお借りしてから十周年の記念日だ。始めた当初は、硬い土に鍬をたたきつけて腕を痛めたり、耕耘機がやってきてからは手首にけがをしたりと、子供の頃のように生傷が絶えることがなかった。それにもかかわらず十年間も野菜づくりを続けてこられたのは、畑を無償でお貸しくださっている地主さんのご好意はもちろんだが、野菜をモリモリ食べるようになった家族や、うちの野菜を必要としてくれている友人たちの存在が大きい。自分のためだけだったら、面倒だと思ったときや、つらいと感じたときにやめていたかも知れない。それが一年中、家族の健康のために新鮮な野菜をつくらなくてはとか、一週間おきに段ボール一箱の野菜を、無農薬の野菜を求めている肝障害の友人やアトピーの子を持つ親に送らなければならないという気持ちが、野菜づくりを支えてくれたにちがいない。

野菜づくりも家事のうち

野菜づくりを趣味ではなく、家事と思えば、これも長つづきの原動力になるようだ。「趣味」などという、ちょっと格好よい気分に浸るには、期待はずれのことも多いからだ。毎日のように雨上がりの畑で、土まみれになっている時期には、

「きれいな服を着て、お芝居かコンサートにでもいきたいな」

と、ふっと思ったりすることもある。いつの間にか土色の大小の水玉もようのついてしまったお古のコットン製ワイシャツと、足首にゴムを入れたコットンパンツの「制服」は、着ていてとても心地よいのだけれど、毎日では逃げ出したくもなる。このパンツ、夫は「もんぺ」というけれど、私はせめて「ハーレムパンツ」と呼んで気分をハイにしている。

共働きの長かったわが家では、生活のサイクルが一週間周期で回っている。家事も同様。買い物や掃除機でする掃除は週末の仕事。スーパーへは夫婦そろって行く。買い物は夫にとってても気分転換になるので、楽しみなのだそうだ。家事はすべて「簡単に済ませること」は、できるだけ簡単に」の精神だ。

畑でも、手の抜けるところは、できるだけ手を抜くことが野菜づくりを長くつづけるコツである。そのためには気象条件などの「自然」に逆らわないことが肝心だ。どちらかというと労をいとわないタイプの人間なので、一年中、野菜の自給をつづけるためには、と

もすると必要以上の労力を使って「自然」に逆らいたがってしまう。ウィークエンドだけという使える時間が限られていることもあって、頭のなかに勝手に描いた計画を強引にすすめようとするからである。特に秋・冬野菜の種をまきはじめる八月は、高温と乾燥に逆らうと、何回も種をまき直すなど無駄な労力を浪費することになる。

いつでも、どんな野菜でもスーパーで買える暮らしをしていたときとは違って、自給自足の生活には、その時期に収穫できる野菜に食生活を合わせるというスタイルに頭を切り換えることが肝要だ。新鮮野菜が採れすぎたときにフリーズしておいて端境期に備えることも、気象条件に振り回されないための方策の一つである。

自分の畑、自分の生活スタイルに適した効率のよい栽培方法を早く見つけることも、できるだけ楽においしい野菜をつくるためには大事なことだ。わが家の最初のタマネギは、まず苗床に種をまき、苗を作ってから畝に定植した。手引き書のマニュアルどおりである。畑仕事に追われる私たちを見て、お隣の茶畑のご主人が、

「タマネギは直播きできるんですよ」

と教えてくださった。早速、畝をポリマルチで覆ってマルチの穴に種をまき、苗に育って

から間引いて一本立ちにした。これで定植の手間が省け、楽になった。

こんどは、有機農家のご主人から、

「タマネギは、マルチもせず、間引きもしないで、まきっ放しにしてもできますよ」

と耳寄りな話をうかがった。そうすると、種の密集次第で、大きなものも小さなものもできるのだそうだ。粒のそろった商品をつくるわけではない家庭菜園では何よりの方法だ。

早速、試してみると、収穫期には、種の密集したところではタマネギも密集して育ち、四方を囲まれたものは四角いタマネギに仕上がった。十月初旬にしていた種まきも、九月の中旬にまで早めると、霜柱が立つ前に深く根を張るので、根が浮くこともなくなった。おかげで人差し指で根を押し込むという面倒な作業はしなくて済む。四月になってから、タマネギを覆ってしまいそうな雑草の除草作業をするまでは、種をまくだけがタマネギづくりの仕事なら、今年は密集しないよう、上手

畑のタマネギ

にまこうと思っている。

週末一日二時間労働がもっとも快適

野菜づくりを始めてからの数年間は、夫はウィークエンド・ファーマー、私はパートタイム・ファーマーだった。ウィークデイはほとんど毎日のように自転車で畑に通う。車の通行量の多い県道を避けて、裏道を通るのだけれど、畑に近づくにつれて人家が少なくなり、広々とした緑の景色が左右に広がる。五キロほどの道のりは、季節を肌で感じながらのサイクリング気分で爽快だ。毎日通っているうちに、いつも同じ場所までくると疲労感を感じることに気がついた。所沢は起伏の多い土地柄である。畑に着くまでにいくつもの坂がある。しかし、行きはほとんど下り坂のはずだ。注意してみると、疲労感を感じる場所は、ほとんど平面に近いのだけれど、わずかながら上り勾配が長くつづいている農道だ。自転車をこぎ出してからほぼ十五分くらいの場所なのだけれど、我慢して走っているといつの間にか疲労感は消えてしまう。畑に着くと身体が軽く、すぐに農作業が軌道に乗る。

土日はウィークエンド・ファーマーの夫と一緒のサイクリングである。数年後、車で行くことが多くなり、楽になったかに思えたが、そのしわ寄せが畑に着いてからでることに気がついた。農作業を始めてから数十分たつと疲労感が出るのである。一瞬、

「もう帰りたいな」

と思うのだけれど、つづけているうちに身体が慣れてきて、気持ちよく作業ができるようになる。畑仕事にもウォーミングアップが必要なのだ。

ウォーミングアップの後はとても調子よく働けるようになるので、今度はどこで終わりにするかが問題となる。始めたときは八十坪ほどだった畑が、野菜の種類が増えるにつれて、半分ほど広くなった。しなければならない作業は山積している。ついつい長時間労働になってしまう。夏・冬休みや連休には、くたくたに疲れ果てるまでつづけても翌朝はゆっくりできるけれど、通常の週末にそんなことをしたら翌日からの一週間がたいへんだ。数年経ってみると、二時間がもっとも快適な作業時間であることに気がついた。野菜づくりの趣味をもつ何人かの友人たちの話でも、健康のためには二時間が最適だと申し合わせたように言う。

畑で過ごす時間が二時間でも、主婦にはその後の仕事が待っている。夫は帰宅後、シャ

ワーを浴びると、あとは新聞を読んだり、テレビを見たりしてくつろげる。しかし主婦はそうはいかない。家事に加えて野菜を洗って冷蔵庫に入れる仕事が待っているのである。夫婦そろってウィークエンド・ファーマーになってからは、家族四人の一週間分の野菜を収穫して持ち帰るので、野菜を洗うのも一仕事である。畑での二時間労働厳守は、ウィークエンド・ファーマー長つづきの秘訣のひとつかも知れない。

第二章　野菜づくりは仲間といっしょ

土をつくる仲間たち

ミミズの卵は超ミニレモン

家から五キロほど離れたわが家の菜園へ行く途中に、有機栽培で有名な農家がある。日本橋の有名デパートの野菜売場に出荷しているという農家である。野菜を作りはじめた頃、その農家の畑を見学させていただいた。奥さんが、素手で畑の土をちょっと掃くと、あずき色の小ミミズがわんさと遊んでいる。それも、ほんの十センチ平方くらいの広さに数え切れないほどの数なのである。感激さめやらぬまま、まだ始めてから間もないうちの畑に戻ると、ミミズはほとんど見つからない。しかも、時たま畝を耕しているときに目の前にあらわれるミミズは、妙に大きくて色がうすく、かわいげがない。フトミミズだろうか。

「この畑も、かわいいミミズがうにゃうにゃ出てくるような畑にできるのだろうか」

　あれから九年経ったこの一月、冬のあいだ中、収穫されないまま置き去りにされて外葉が白っぽく枯れたハクサイの塊を掘り上げた。枯れた外葉に守られて、みずみずしい内側も凍ってはいるけれど、それでもしっかり生きている。その証拠には、三月まで畑に放っておくと、春の光をたっぷり浴びて頭の部分がぽっかり開き、中からつぼみが顔を出すはずである。鍬で掘り上げた根の間で、なんと小ミミズや中ミミズが押しくら饅頭の真っ最中。思わず心が温かくなる。ミミズも冬は寒いのだ。いちばん寒い一月は、作土の地温もいちばん低い。暖かい地中深くにもぐらずに、ハクサイの根に包まれて暖をとり、寒い一月を乗り切ったのだろうか。

　開墾したての畑の土は、鍬の刃を落とすと、その振動が直接腕にひびくほど硬かった。腕を傷めて二か月くらい畑仕事を休んだこともある。しかし、今ではサクッと入っていく。半熟堆肥をせっせと入れて野菜を作っているうちに、地中に細菌やカビがわんさと増えて、ヤスデやダンゴムシなんかもやってきた。餌が豊かなら、ミミズだってやってくる。餌の堆肥が豊富なので、いつの間にやらミミズが増えた。ミミズが増えたらモグラも現れた。モグラはせっせと穴を掘る。穴を掘ってミミズをつかまえ餌にする。あけた穴を埋めてくれれば、モグラの穴掘りも土の耕耘と評価されて、きっと人から尊敬される。お互い平和に暮らせるはずだ。しかし、モグラは掘りっぱなし。穴を埋めたりはしない。すくすく育っている野菜を枯らしてしまう。

ミミズにもいろいろな種類がいるけれど、シマミミズは堆肥を餌にするという。土や堆肥といっしょに目には見えないほど小さな生き物、微生物も食べる。ハクサイやキャベツなどの根を傷めて吸水できなくさせてしまうネコブセンチュウを呑み込んで、無害化してしまうという。空中から窒素を取り込んでくれる根粒菌や遠くからリン酸を集めて野菜の根の中に運んでくれるVA菌根菌のようなよい菌を増やしたり、その菌を根の近くに移動させたりして作物の生育を助けたりもするそうだ。カルシウムの混じった糞は質のよい肥料となる。糞塊は土の団粒になるし、微生物の分泌物も土をつないで団粒を作る。団粒は水も空気も蓄えて、土をふかふかにしてくれる。土がふかふかになると、野菜が根を広げやすくなる。根が広がると養分も水分も吸収しやすい。野菜はすくすく育つというわけだ。

ミミズは体で光を感じるけれど、明るいところは大嫌い。人は八時間労働で土日と祝日は休むけれど、ミミズはゴールデンウィークも夏休みもなく、二十四時間働き詰め。上へ下へとトンネルを掘っては移動して、作土を耕し混ぜ合わす。細いトンネルは地中に空気を入れて作物に酸素を供給する。雨水も地中に流し込んでくれる。風が吹くと桶屋がもうかるけれど、ミミズが増えると野菜がよく育つ。

ところでミミズは電車とは違う。後ろ向きには走れない。前と後ろの区別がある。首には首輪を巻いている。その首輪から出た膜を、とっくりのセーターを脱ぐように頭の上に脱ぎ捨てる。それがミミズの卵だという。そんな変わった産卵でできた卵はレモン型。色も産卵直後はうす黄色だ。積んだ堆肥を使い切ると、堆肥枠の中の土の上に、直径三ミリくらいの黄色い粒が散っている。木の実と思っていたこの粒は、実はミミズの卵だったのだ。日が経つにつれて色が変わり、土の保護色になって見えなくなる。一粒の卵から子ミミズが何匹も糸のように生まれてくるという。とても不思議な出生だ。

ミミズは作物の細根も食べる。掘ったトンネルが播きたての種を浮かせてしまうこともあるという。それでもミミズが歓迎されるのは、生きている間に野菜が育つ土をつくり、そのうえ死んでも、作物のためにリンや窒素やカルシウムを残してくれるからだろうか。

ＶＡ菌根菌

菌根菌というのは植物と共生関係にあるカビやキノコで、生育に必要な栄養を植物の根からもらう代わりに、植物が必要とする窒素やリンを菌糸を伸ばして遠くから運んできて供給したり、抗生物質を分泌して病原菌から守ったりする働きをします。

菌根菌には、根の外側を厚い菌糸の膜でおおって、物理的に根を保護するタイプのものもありますが、ＶＡ菌根菌はこのような菌鞘はつくらずに根に侵入し、細胞間隙に菌糸を分岐させて、樹枝状体（Arbuscule）をつくります。ここで根から7～8センチも菌糸を伸ばして集めてきたリン酸を植物に渡して、植物から糖などの養分を貰うのです。余った栄養分は細胞間隙にある菌糸の別の端を膨らませてのう状体（Vesicle）をつくり、ここに蓄えるという特徴をもっているため、英語の頭文字を合わせてＶＡ菌根菌と言うのだそうです。

ＶＡ菌根菌は大部分の農作物に共生できるといわれています。特に、作物が吸収できる状態のリン酸が少ない土壌では、この菌と共生することにより作物の生育は著しくよくなるため、畑では注目の共生微生物です。

微生物は土の中のシェフ

これまで栽培した野菜には、それぞれに思い出があるけれど、なかでも初めから野菜らしく育ってくれたキャベツ、レタス、タマネギやジャガイモには、この十年間いとおしい思いすら抱いてきた。知識も技術もなく、あるのはただ熱意だけという私の悪戦苦闘に応えてくれた野菜たちへの片思いといったところだろうか。ところが、この野菜たち、痩せ地でも立派に成長できたのにはそれなりの訳があるということが、ずっと後になってから分かった。

タマネギは、ジャガイモと並んで、日常の調理に欠かせない保存野菜であるうえ、農家の軒先に吊してあるタマネギの束は、いかにも収穫の秋を象徴していて、北風が吹きすさぶ寒空の下でも、こころ豊かな気分にしてくれる。秋を彩る部屋飾りにも、コーンと並んで頻繁に使われる材料だ。当然、最初から作ってみたい野菜の一つだった。

お隣のおじいちゃんに教えていただいたとおり、まず苗床に種を播き、苗を作って畝に定植する。ここの土は火山灰土で、野菜の養分となるリンを土が固定してしまって野菜には与えたがらないので、外からリンを多く含む肥料を施さなければタマネギはできないという。そこでたっぷりの堆肥に発酵鶏糞や骨粉を鋤き込んで、一本一本ていねいに植えつけた。ずっと後になってから分かったことだけれど、たっぷりの堆肥はリンを土に直接触れさせない働きもするので、リンが野菜に吸収されやすいという効果もあるという。種を一袋播いてできる苗は、十六メートルの畝に三条に植え付けても、まだ余る。もったいないので、別の畝にも植えつけた。堆肥が足りなかったので、肥料だけ施して植えつけた。

年が明け、春の到来とともにタマネギはぐんぐん生長する。五月に入ると地表のあたりの茎が日毎に白く膨らんでくる。初めて見る実物のタマネギの群である。その圧倒されそうな力強さに新鮮な感動すら覚える。しかし、

「タマネギは根っこを食べるはずなのに、なぜ地上で膨らむの？」

六月に入ると、長ネギよりも硬い緑の葉先がつぎつぎと茶色に変わり、球の上の茎の部分で折れる株が増えてくる。いよいよ収穫の時期が来た。硬い茎を持って引き上げると、球の下には根のシャワー。

「タマネギは根っこを食べるんじゃなかったのだ。この球は茎のふくらみだったのだ」

新しい発見に心を躍らせながら、植わっている株をつぎつぎと引き上げると、二本目の畝のタマネギが極端に小さいのに気がつく。

「なぜだろう？」

タマネギの畝

根を切り落とし、外側の茶色い皮を一枚はがし、茎を束ねて軒下に吊す。一皮剥かずにそのまま吊すと、プロの教えの通りタネバエが皮の間にこっそり産みつけた卵が孵り、白っぽい蝿がブンブン飛び回ることになる。タマネギは、大玉よりも中玉の方が日持ちするという。料理には大玉から、サラダには少量でよいので小玉を使う。それでも年を越すと、保存タマネギはほとんどが発芽する。それを畑に植えつけると一球から数本のネギが伸びて、野菜の少ない春先からやわらかくて甘味のある葉タマネギが味わえる。

八月も半ばになり、秋野菜の準備に取りかかった。堆肥や肥料を鋤き込みはじめて気がついた。昨年の秋、タマネギの苗を植えつける前に入れた落ち葉堆肥は、まだ落ち葉そのままの面影を残したものも土に混じってはいるけれど、発酵鶏糞は完全に分解されて消えていた。タマネギの生育に役立ってくれたのだ。ところが、肥料だけの畝は、施した発酵鶏糞が七カ月も経っているのに、そのままの状態で残っている所が何カ所もある。

「どうしたのだろう。残されたままの肥料はタマネギが吸収できるように分解されなかったのだ」

細菌やカビなどの生物は千分の一ミリというミクロン単位の大きさで人間の肉眼では見えないので微生物とよばれているけれど、どんなに小さくても生き物は生き物。エネルギーを得るために、土の中の有機炭素を体の中に取り込んで、呼吸して、炭酸ガスとして放出する。絶えず炭素が必要だ。そのうえ、一グラムの畑の土には、なんとカビをのぞく細菌だけでも十億個もいるというのだから、土の中の有機炭素は不足しがちであるという。まだ痩せ地だった畑の土壌に半熟堆肥を入れると、ミミズや土の中の虫たちといっしょに、飢えた微生物が炭素たっぷりの堆肥を取り込んでエネルギーにして増殖する。鶏糞は窒素が多い。うちの堆肥や土壌のように、含まれる窒素分が少なくて、微生物が増殖するのに必要な窒素が不足しても、いっしょに施した発酵鶏糞が補ってくれる。有機物の分解が活発になり、微生物が増殖するとき、逃げたエネルギーで地中の温度が上がる。温度が上がると生き物たちはいっそう元気になって活発になり、さらにエネルギッシュに堆肥を分解して増殖する。温暖化は地球規模では困るけど、寒い季節、畑の土壌では大歓迎。堆肥のおかげで、土壌の養分供給の歯車がゆっくりだけれどスムーズにまわり、栽培期間の長いタマネギは、これまたゆっくりだけれどすくすくと育ったというわけだ。

いくら痩せ地だからといっても、発酵鶏糞が半年以上も分解されなかったもう一本の畝は、一体どうしたのだろう。死んでしまった土のように思える。土は本来無機物だ。死んだ土に命を吹き込むのは有機物。餌がなければ生き物は育たない。森では落ち葉、草原では枯れ草、畑では堆肥。でも、発酵鶏糞だって有機物。地中の生き物たちは、植物性の有機物が好きなのだろうか。きっと、動物性の有機物には、窒素はたっぷり含まれているけれど、呼吸に必要な炭素が少なくて、活動したくてもできなかったに違いない。微生物にとっては、炭素は窒素の二十倍も必要だ。炭素の二十分の一しか要らない窒素があまれば、体の外に放出して野菜の養分にしてくれる。いくら窒素が豊富な有機物でも炭素の多い堆肥の力を借りないと、野菜にとっては絵に描いた餅と同じものもあるということだ。

堆肥は、堆肥を餌にする小動物や微生物の共同作業によって、いくつもの役をこなしている。当面の野菜の養分になったり、堆肥それ自体が保存食品のように養分を有機態の形で土の中に蓄えてくれる。いわば食糧供給係といったところであるが、それだけでなく野菜が育つ住環境を整える役もこなす。微生物が堆肥を分解して増殖するときに出る熱で地温を上げて活動しやすくしてくれることはもちろんだが、常に土を安定した酸性度に維持し、泰然自若とした状態で野菜を育ててくれもする。堆肥を餌にする生き物は土の粒子をくっつけて団粒構造にし、空気を土の中に取り込んで根が呼吸しやすくしてくれたり、土に含まれる水分を一定に保ってもくれる。どの微生物にも分解されずに残ったものが腐植となると、これまた地温を上げたり、団粒を雨が降っても壊れない耐水性のものにするなど、野菜によいことをいろいろしてくれる。

落ち葉などの有機物が分解されて堆肥になっていく過程には、いろいろな種類の微生物の活躍があるという。まず、水に溶けやすい糖やアミノ酸を好んで吸収して増殖する微生物の出番である。細菌やカビの類の活躍なのだけれど、好みの餌がなくなってくると、せっかく増えた微生物のなかには死んでしまうものもでてくる。死ぬと他の微生物の餌になる。セルロースやヘミセルロースとよばれる高分子を分解するカビなどは、体から分解酵素を出して分解しやすい低分子にしてから吸収するので、高分子を分解できない細菌やカビなどが横取りしたりもする。あとに残るのは硬いリグニンのくっついたセルロースなどで、キノコの仲間の木材腐朽菌がゆっくりと分解してくれるという。この木材腐朽菌は、ダイオキシンも分解してくれるというので、今や注目の的である。ダイオキシンは、リグニンと同じ六角形のベンゼン環をその構造にもっているからだ。木材腐朽菌はダイオキシンをリグニンと間違えて分解してしまうのか、それともダイオキシンも好みのリグニンのようにおいしいのですすんで分解するのだろうか。

　有機物が堆肥化されるあいだに、微生物のおかげで温度が六

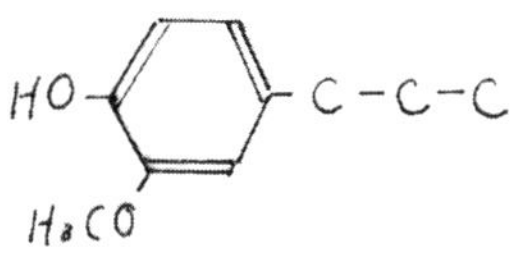

リグニンの構造の一部

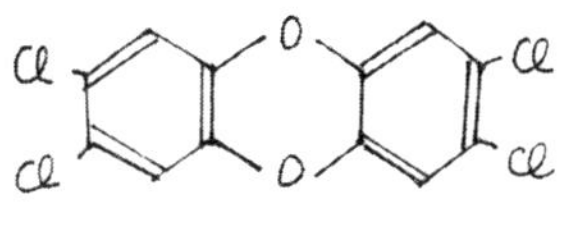

ダイオキシンの構造の一つ

十〜七十度にも上がる。このとき、病原菌や雑草の種も死に、高温に耐えるカビや細菌の活躍の場となるのだけれど、この中には八十度にならないと死なない病原菌も生き残っているので、堆肥といえども、そう安心してはいられない。

微生物が堆肥を分解するのは誰のためでもない、自らの生命維持と増殖のためだけれど、野菜たちから見れば微生物は立派なシェフ。堆肥や有機質肥料を分解して体内に取り込み、余分な養分を放出することで、植物が根から吸収できるようにしてくれる。あたかも食材を料理してお客さんに食べさせてくれるレストランのシェフのようである。もしもこの微生物が地球上にいなければ、野菜が育たないどころか、すべての生命活動がストップしてしまうという。有機物を生産する植物とそれを消費する動物とその遺体を分解する微生物の循環の輪が断ち切られてしまうからである。そうすると、微生物は地球規模でのシェフということになるのだろうか。

カブトムシの子も堆肥をつくるお手伝い

七月の下旬になると、鳥たちにつつかれないよう張り巡らした防鳥網の中で、二十株のトマトがあちこちで赤く色づいてくる。畑で完熟したトマトの味は最高だ。ヘタの部分の緑を残して真っ赤に熟すのを待って収穫する。

ある日の夕方、今年の初物を今晩のサラダに乗せようと、近づいて網越しに見ると、トマトの表皮に、何かに喰われたようなミミズ模様のキズがある。よく見ると、一つだけではなく、熟しておいしそうなものは皆やられている。中身がえぐられたように喰われているものもある。

「鳥のはずはない。何だろう」

何日か経ったある日、めずらしく朝早く畑に着くと、半欠けトマトが見つかった。中にはカブトムシが埋もれている。一生懸命食べているうちに、果肉の中に潜ってしまい、日が高くなったのに気がつかなかったのだろうか。よく見ると、防鳥網の端で大きな雄のカブトムシが死んでいる。食事の帰りがけ、網の糸に絡まって身動きがとれなくなり、日干しになってしまったらしい。トマ

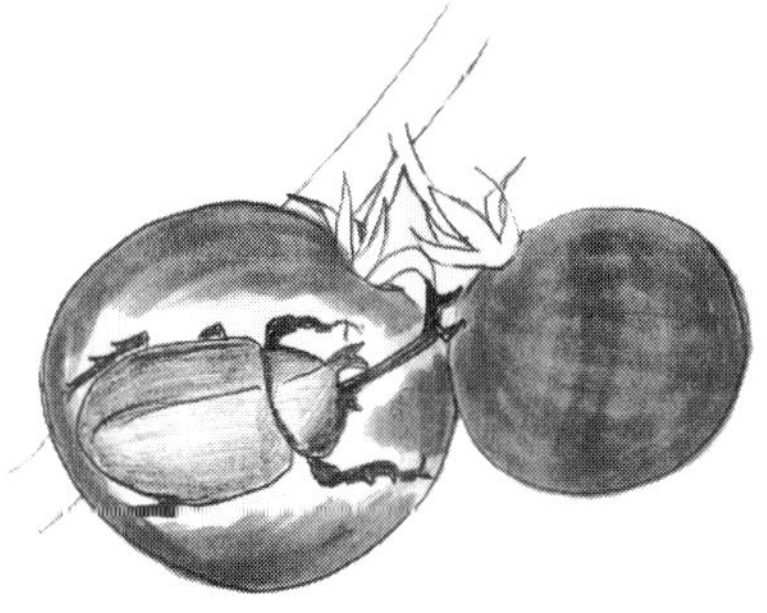

トマトの果肉に埋もれたカブトムシ

トを食べていたのはカブトムシだったのだ。ミミズのようなキズは、味見のためで、完熟したおいしいのを見つけると、本格的に餌にするのだろうか。

毎年、十一月の終わり頃から始める「くず掃き」で集めた落ち葉を、なたね油かすや米ぬかと一緒に積んで堆肥にし、翌年の秋口から畑に施し始める。まだ半熟で

「未熟堆肥を畑に入れるなんてとんでもない」

と専門家には言われそうだけれど、稲わらなどにくらべて分解が速い広葉樹の落ち葉の場合は、半熟でも水分を十分に含んだ土に投入するか、日照りのあとでもたっぷりの降雨後一週間以上おけば、微生物が爆発的に増殖したあと、炭酸ガスの放出も一段落して落ち着く。こうなれば、種をまいても苗を植えつけても問題はなく、むしろ土中の微生物に餌を与えることになり、完熟堆肥以上に堆肥としての効果を期待できるはずである。

完熟堆肥を作るために、プロは何回か積んだ堆肥を切り返す。酸素と水を補給し、微生物の働きを活発にして、まんべんなく分解させるためである。発酵熱を高くして、熱に弱い病原菌や雑草の種を殺してしまう効果もある。しかし、ウィークエンド・ファーマーには、その時間と労力がない。発酵菌を入れると分解が速いといわれているが、

「自然が一番」

と言ってそれもしない。一度積むと、使うまで積みっぱなしである。だから、使うときはいつも半熟状態だ。

夏の盛りに秋冬野菜をつくるために堆肥を畑に入れた後、空になった堆肥枠に、今度は翌年の夏野菜用に、ストックしておいた落ち葉を積む。春先になって堆肥を囲っている古扉をはずし、ポリのカバーをめくってホークで一盛り一輪車に移すと、堆肥の中から大きな白いイモムシがゴロゴロ現れる。人の親指の太さくらいで八センチほどの長さのイモムシだが、皆、足のついたお腹を内側にして丸まっている。初めて見たときは、一瞬、

「ギョッ」

としたものである。三センチくらいしかないコガネムシの幼虫ドウガネブイブイをそのまま大きくした形なので

「コガネのお化け！」

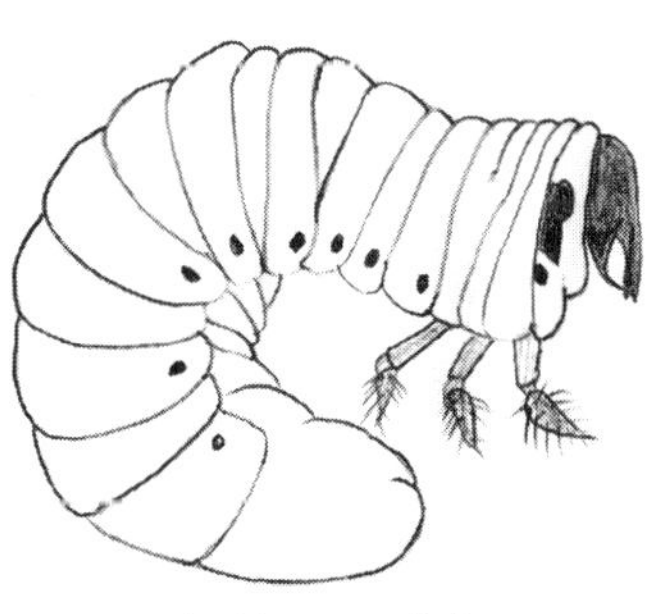

カブトムシの幼虫

としか思えなかったのである。ところが、これがカブトムシの幼虫だったのだ。

積んだ堆肥を上から崩してみると、焦げ茶色の半熟堆肥の中のところどころに、明るい色のエリアがある。その部分だけ枯れ葉がこなれて完熟堆肥になっている。そして、まるまる太ったイモムシがウジャウジャと転がっている。カブトムシの幼虫が落ち葉を食べて、糞を出し、カビや細菌が分解しやすいように助けていたのだ。なにしろカブトムシは、卵からかえって蛹《さなぎ》になる直前までで幼虫の体重が千倍にもなるという大食漢だ。堆肥づくりに大役を演じてくれている訳もこれで納得できる。

カブトムシは夏の間、近くの雑木林で樹液を吸い、ときにうちの畑へもやってきて完熟トマトの甘い汁を味わって、恋人を見つけ、交尾をし、堆積した落ち葉のなかに潜り込んで卵を産む。産んだ卵は、幼虫に孵り、せっせと落ち葉を食べては糞を出し大きく育つ。毎年、春先になると堆肥の中から現れるお化けイモムシは、目に見えない小さな細菌やカビの堆肥づくりを効率のよく進めるための「落ち葉粉砕機」というわけだ。そして、ウィークエンド・ファーマーの強い味方でもある。トマトは、そんなカブトムシへのお礼と思えば惜しくはない。

微生物のいたずら

コマツナを消した微生物

土がまだリッチになっていなかった最初の頃、コマツナやホウレンソウなどの葉ものはまるで道ばたの雑草のように硬く、大きく育たないうちに外葉の葉先が枯れてしまった。養分不足である。特に冬場は気温が低く、野菜が吸収できるように堆肥を分解してくれる細菌やカビなどの微生物も冬眠状態になる。コマツナは生育を止めざるを得なくなる。ところが、なかなか大きくならない冬のコマツナも、年を越して春雨を浴びると急速に伸び始め、葉色が白っぽく変わってつぼみをつけ開花する。菜の花である。まだ、つぼみのうちに柔らかい葉や茎と一緒に折り、湯がいて辛子あえにするのもよし、食べ切れなければ、そのまま花を咲かせて、花瓶にアレンジして楽しむこともできる。それでも余れば、種を採って次作の栽培用に使う。自家製の種は発芽率が良いので重宝する。さらにサービス精神旺盛なことに、コマツナの種は、畑のあちこちに散らばり、自力で発芽し、菜っぱに育つ。残さを運ぶときにこぼれた、活きのいい種の仕業である。畝の上にせっせと栽培するコマツナは、なかなか大きくならなかったけれど、堆肥枠のそばや刈り取った雑草を積んだ原っぱに落ちた種は、発芽して草丈が三十センチにも育ち、肉厚で艶やかで、いかにも「おいしそう」に成熟した。雑草の間に、こんな立派なコマツナを見つけたときは、悪戦苦闘のむなしさを感じ、栽培技術に自信をなくしたものである。

それでもめげずにコマツナに挑戦する。畝に堆肥を入れて種をまき、発芽がきれいに揃ったところに雨が降った。数日後に行ってみると、畝の上には何もない。枯れた跡も、抜いた跡もない。一瞬、ここに種をまいたことは記憶違いだったのかと自分を疑ったりもす

コマツナ

る。お隣の畑のおじいちゃんの家に飛んで行き、事情を話す。おじいちゃんは

「コマツナってヤツはやくざな奴で、どんな所にでも生えるものなんだがなぁ」

とつぶやいて首を傾げる。これが、土の中の微生物の吐き出す炭酸ガスのせいだったということは、ずっと後になってから分かった。

堆肥を鋤き込んですぐに種をまいて、発芽したところに雨がふり、土に水分が補給された。土壌微生物は土の孔隙の六十～八十％が水で満たされたとき、もっとも活発になるという。

「待ってました！」

とばかり細菌やカビが、施したばかりの堆肥を分解して増殖を始めた。そのため、呼吸で吐き出す炭酸ガスの量が急激にふえて、土壌の孔隙《こうげき》を充満させた。コマツナの根は酸欠状態で呼吸困難に陥って枯死し、細菌やカビが増殖時に出す熱と雨水で溶けて消えてしまったというわけである。

やくざなコマツナは、今も畝間や残さ置き場の雑草のあいだに、堂々と育っている。

炭酸ガスと微生物

芽の出揃ったコマツナを魔法のように消してしまった炭酸ガスは、微生物とおなじで人の目には見えないのが怖い。知識の乏しいウィークエンド・ファーマーが、時間に追われて、堆肥を投入した直後にトマトの苗を植えつけたことがある。翌週畑に行ってみると、緑色だったはずの茎葉が黄色に変わり

「もはやこれまでか」

という思いに駆られた。トマトの苗は毎年植えつけているけれど、こんな風に葉が黄変したのは初めてのこと。ありったけの知識をかき集めて原因を考え、自問自答する。

「水が足りないのかなぁ。水不足ならしおれてくるはずだ」

「土壌が酸性になっているからだろうか。もう何年も堆肥を鋤き込んでいるから、土壌が酸性ということはないはずだ」

畑のトマト

「堆肥が少なくて養分不足なのかもしれない。でも、トマトは痩せ地の方がおいしい実がなるともいわれているし……」

などなど。気にはなりながらも、遅れている農作業に追われて夕暮れを迎え、家路につく。

翌週畑に着くと、なんとトマトの苗はふたたび緑色によみがえり、元気を取り戻しているではないか。葉の黄変は、どうやら堆肥投入直後の、カビや細菌の爆発的な増殖による炭酸ガスの大量発生のためだったようだ。緑を取り戻したのは、一週間たって急激な増殖が一段落し、炭酸ガスの発生量もグンと減ったためである。炭酸ガスを吸って光合成するトマトだって、酸素を吸って生きている。やっと酸欠状態から脱して息がつけるようになったのだ。畑は堆肥を投入してから一週間は微生物専用の産院と化してしまい、野菜の面倒までは見きれないということである。こんなとき窒素分の少ない堆肥だと、微生物が増殖するときに栄養分として土の中の窒素を取ってしまうので、堆肥を施した畑の土が肥えていれば炭酸ガスの害だけで済むけれど、やせた土だと苗が養分不足になって育たなくなる。発芽テストをしてみると、落ち葉堆肥は半熟でも発芽率はほぼ百パーセントで、それ自体に有害成分が含まれているとは考えられないが、微生物タイムを設けてやらないと、とんだ悪戯をされてしまうという一例である。

こんな悪戯をする炭酸ガスだけれど、野菜にとっては太陽の光とともに絶対に必要な要素でもある。葉から炭酸ガスを取り込んで、根から吸収した水と一緒に太陽のエネルギーを使って糖を作ることから野菜の生育が始まるからである。このときに、要らない酸素を吐き出すのだけれど、この酸素が私たちの生命を支えてくれているのだから、食物と酸素と、考えて見れば野菜は二度までも私たち人間の生命の恩人になっているというわけである。そして一方では人間と同じように酸素を吸って炭酸ガスを吐き出し、呼吸することで生命活動のためのエネルギーを作り出すこともしているのだから、野菜も人間に劣らずなんとも忙しいことではある。

人間のように動き回ることなく、一ヶ所にずっと留まっている野菜は、じっと見つめていても何の音もしないし、風がなければ自ら動くこともない。しかし、内部ではパソコンができあがっていく工場のように、さまざまなラインがつぎつぎと部品を作り出して、ベルトコンベアーが回り、部品が組み立てられて、システマチックに生産活動が行われているはずである。普通の工場と違うのは、できあがった生産物を工場から出荷して売ってしまうのではなく、その生産物で自らの体を大きくしていっている点である。その工場のような様子を想像していると、ホウレンソウの一株が一棟の工場のように思えてくる。野菜は一株一株が、みずからを大きく育てる生産工場なのだ。

微生物って、いったい何者?

子供の頃、NHKのラジオ番組に「二十の扉」というクイズ番組があった。

「それは生物です」

というヒントに、解答者が最初に出す質問は決まって、

「それは動物ですか、それとも植物ですか?」

この番組のせいだとは言わないけれど、その後の長い人生の過程で、微生物に関する知識を日常生活のいろいろな場面で得たにもかかわらず、生物といえば動物か植物という感覚しかない。ばい菌だとかカビだとかが頭のなかの「生物」に属するとは意識して考えたことはなかったのである。あえて考えるとすれば、

「カビは何となく植物のような気がするし、細菌は動物の超ミニ版かなぁ」

といった程度。ましてや、カビにも細菌にも善玉がいるなどということは、教科書にでてくるペニシリンや滅多に口にしないブルーチーズなどを思い出さない限り、生活感情としては考えられないことでもある。そんな訳で、野菜を手づくりし始めてから読む本に頻繁に現れる微生物なる言葉に接するたびに、

「微生物って、いったい何者？」

という疑問が湧き起こる。

この世に生を受けて半世紀以上たち、生物には植物、動物のほかに微生物という分け方があることを初めて知った。この三者が、それぞれ有機物をつくり、消費し、分解するという働きを分担して、物質の循環システムを作っているからこそ、地球上の限りある物質が無限に利用でき、人間も親から子へ、子から孫へと生き続けていけるのだという。この循環も太陽からもらうエネルギーのおかげと思いつつ、目から鱗が落ちた感じで、世界が急に明るくなったような気分になった。微生物というのは肉眼では見えないほど小さい細菌やカビやキノコや酵母などのことなのだ。

「キノコは目に見えるほど大きくて、決して微生物ではないではないか」

とは誰でも思うはずだ。しかし、マツタケやシイタケは植物でいえば果実に相当するもので、目に見えるほどに育ったキノコは、胞子をつくる器官なのである。胞子はミクロン単位で肉眼では見えず、発芽すると地中の養分を吸収しながら目には見えないほど細い菌糸を伸ばして生長する。菌糸が何本もあつまると人の目にもそれと分かるようになる。秋になると、低温などの刺激で原基をつくり、菌糸を密に寄り集めてキノコに成長する。カビも人の目に見えるのは胞子が発芽して生長したコロニーとよばれる菌糸の塊で、胞子も菌糸の一本一本もミクロン単位で目には見えない。

動物、植物、微生物に共通しているのは、生物であることの二条件、自己複製、代謝、変異して進化することで、生態系のなかでのはたらきも個性的だが、栄養をとる方法も違う。植物は緑葉で、根から吸い上げた水と葉の気孔から取り込んだ炭酸ガスから太陽エネルギーを使って有機物のブドウ糖をつくり栄養にする。光合成とよばれる生産活動である。そして、この一部を分解して得たエネルギーで、根から水といっしょに吸収した硝酸などの無機養分を使って高分子の有機物を合成する。動物は植物のつくった有機物を食べるか、それを食べて生きている動物を食して栄養にする。枯れた植物や動物の死骸は、小動物の餌になったりもするが、最終的にはミクロン単位の小さな微生物の栄養源である。細菌は細胞一個でできていて、体が硬い細胞壁で包まれている。口もなければ根もないので、栄養分は壁をとおして吸収するしかない。そして壁を通過できるのはブドウ糖のような糖のなかでも単糖とよばれる一番小さな糖とか、タンパク質を構成するアミノ酸のような低分子のものなのである。高分子は分解酵素を出して低分子に分解してから吸収するという。

植物も動物も肉眼で見えるので、存在感がある。しかし、数からいえば地球上の生物のなかで最も多い微生物は小さすぎて見えないので、健全な日常生活が営まれている限り、その存在を意識することはほとんどない。そんな微生物の存在に気がつくのは、冷蔵庫の片隅に置き去りにされたお餅に青や黄色のカビがついたとき、それに使い残しの鶏肉の腐敗臭などである。とくに黄色ブドウ球菌などの有害菌が増殖するときにつくる毒素で、食中毒の患者が発生したという報道を耳にしたときなどは、微生物のビッグな存在をあらためて実感させられることになる。いずれにしても人間が迷惑をこうむったときである。しかし、私たち人間は計り知れないほど大きな恩恵を微生物から受けているはずである。日常、微生物の存在を意識しないでいられるのは、細菌やカビや酵母などの働きが生活のすみずみにまで浸透していて、空気のような存在になっているからにちがいない。微生物というのは、勤勉な透明人間のようなものなのだ。

直接的なかかわりから言えば、微生物は人の身体の皮膚の表面にも住み着いている。そこで有害なブドウ球菌が定着するのを防いでくれているのだという。腸のなかで消化を助けたり、人がつくれないビタミンKやビタミンB_{12}などを合成したり、有害物質を分解したりもしてくれる。腸内微生物のビフィズス菌は、テレビ・コマーシャルのおかげであまりにも有名だ。食生活ではお酒造りやビール、納豆、ヨーグルト、チーズ、パンはもちろんのこと、昆布だしの成分のグルタミン酸や鰹だしの成分のイノシン酸までもが微生物で発酵生産される。お味噌には空気中のいろいろな種類の微生物が数多く入り込んで、そのお味噌特有の旨みをつくってくれているという。ぬか漬けだって、微生物のおかげでカブやダイコンのビタミンB_1が生のままのときの十倍にも増える。

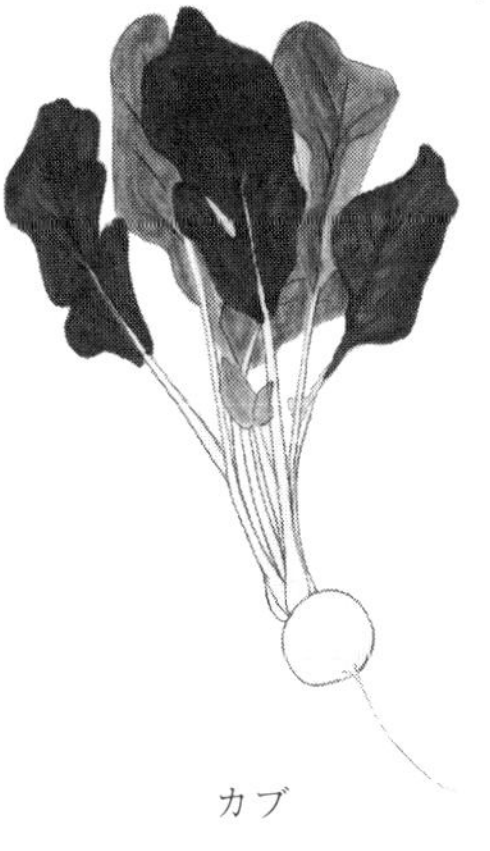

カブ

ペニシリンやストレプトマイシンなどの抗生物質が微生物の生産物であることを知らない人はいない。今では数千にものぼる抗生物質がさまざまな微生物から発見されているという。微生物の世界も人間社会と同様、生存競争が激しい。抗生物質は、微生物が他の微生物をやっつけるためにつくりだす武器で、人間はそれを人の病原菌を殺すのに利用している。ところが、微生物にもとりわけ元気のよいものがいて、他の微生物の出す抗生物質に負けじと、その抗生物質を分解する酵素をつくり出して無害にしてしまうものが現れる。現在では初期のペニシリンは使われていないというが、ペニシリン耐性菌が酵素を出して分解してしまうので、何倍に増やしても効果がなく、むしろ増やしたことで病原菌を殺すはずの薬が、生き物という点ではおなじ人間にも毒性を発揮して副作用を起こすようになったというのだから恐ろしい。今では構造が少しずつ異なったペニシリンが数多く合成されるようになり、病原菌の種類に応じて効果的に使用されているという。

微生物は土の中はもちろん、大気中にも海にも川にも湖の中にもいる。そこで動植物や微生物の遺体を分解し、人間が排出するゴミや廃棄物や化学物質までも分解してくれる。畑には、一グラムの土のなかにいる微生物が、細菌だけでも十億個ともいわれていることは前にも記したが、このほかにカビの菌糸も含まれており、その長さは二百～五百メートルにも達するという。重さでは百平方メートル（一アール）あたり平均七十キロの微生物がいるうち、四分の三がカビで、細菌は四分の一くらい。この微生物が堆肥などの有機物を分解して、炭酸ガスやアンモニアや硝酸に変えてくれるおかげで、有機栽培が成り立っている。

微生物は体が小さいため、増殖するのが速く、エサと水分と温度が適していれば二倍になる速度はブドウ状球菌が二十六分、大腸菌は十七分だという。堆肥を施すとすぐに微生物が爆発的に増殖するのも納得できるというものである。

電子顕微鏡で何千倍にも拡大した微生物の写真はとても美しい。形も丸いものや長細いものなどいろいろだ。しかし、静止している写真を見るかぎり、どう見ても生き物とは思えないのは私だけだろうか。

さまざまな種類の微生物がいろいろな分野で人の役に立ったり、害をおよぼしたりして、人とかかわっている。動物や植物なくして人間の生活が考えられないのと同様、微生物なくして人の暮らしは成り立たないと思いつつ、微生物たちがはびこっているはずの手のひ

らを見つめながら、実感としては、やっぱり
「微生物って、本当にいるのかなぁ」

草も虫もお手伝い

草たちに守られて

六月にタマネギを収穫した畝は、秋野菜の準備を始める八月中旬まで放置される。トマトやキュウリなどの夏野菜に気を取られているうちに、イネ科の雑草に占拠され、大型のエノコログサやネズミムギのような背の高い雑草が伸び放題だ。タマネギを抜き取ったことで、地表の土が掘り起こされて地下から上がってくる水の道が断たれ、表土は乾燥しきっている。イネ科のような深根性の雑草は、こんな悪条件でも威勢がいい。

「さあ大変、これを一掃しなくては」

家族を送り出してから早速畑に駆けつけ、畝の端から一掴《つか》みずつ株ごと引き抜く作業が始まる。真夏の朝八時の畑は、空気こそ清涼さが残ってはいるものの、日差しは強い。柔らかいはずの土も、からからに乾ききって固まり、草たちは水を求めて地下深くしっかりと根を下ろしている。足を踏ん張り、全身に力を込め体重を葉の束に託して引っ張る。草の立場からみれば、生きるか死ぬかの瀬戸際で、そう簡単に引き抜かれてなるものか、というところだろうか。まさに生死をかけた雑草との綱引きである。バンダナをした額から目に汗が流れ込み、衣服が全身にまといつく。メリメリッという感触で根のついた細長い葉の束がかたく握った両掌に残り、全身の力が抜けて呼吸が荒くなる。雑草の根張りの深さ、強さを実感する一瞬である。

『土と雑草』によれば、雑草のこの根張りが野菜の生育を助けているという。柔らかい表土の下にある硬盤を突き破って伸びる根は、野菜の根が

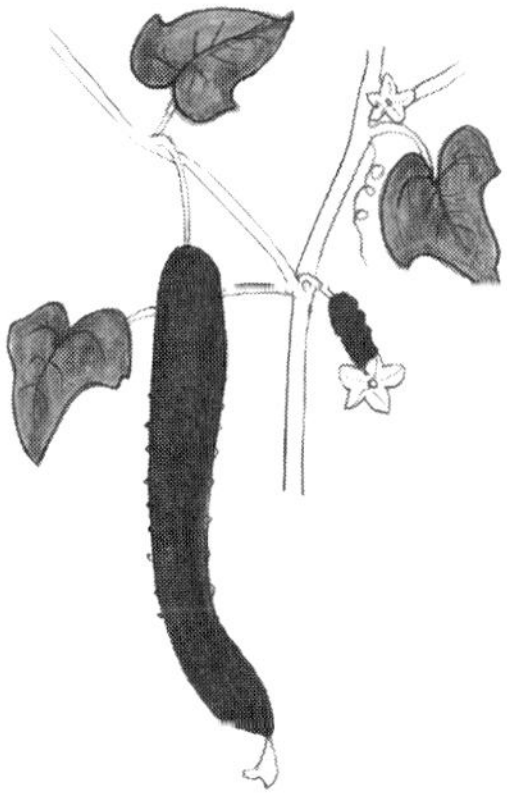

キュウリ

硬盤の下まで伸びる手助けをする。根張りの深い雑草は、深層に埋もれている窒素、リン酸、カリや微量元素などの養分を吸い上げるので、この雑草を畑に返すことで養分が補給される。さらに根のはたらきで土の中に空気が入り、枯れると土中に有機物を残す。そこで微生物が住みやすくなり、野菜の生育環境も整えられるというわけだ。

雑草は目に見える茎葉の部分も野菜の味方。背丈の低い雑草は、表土のエアコンの役割を果たす。夏場は日陰をつくり温度を下げるマルチの役を、気温が低くなってくるにつれ、保温効果を発揮して、微生物の働きを促し、これまた養分供給に役立ってくれる。エアコンには電力がいるけれど、雑草は太陽光をエネルギー源として使うだけでなく、土中の養分も吸う。一見、野菜の養分を横取りするように見えるけれど、暑い季節は有機物の分解が速いため、野菜にとって草は友達。十分な養分をお裾分けしてエアコンにあたれる。夏が過ぎ、秋口に播種した野菜が十分生育していれば、冬場の草は余分な窒素の掃除役もこなす。真冬のホウレンソウは、土壌の硝酸が枯渇して吸収するものがなくなったころが一番の食べ頃。ホトケノザの赤紫色の小花に囲まれたホウレンソウはアクが少なく味がいい。

畑に生育する植物の種類が偏ると、集まってくる虫たちの種類も限られる。虫たちにはそれぞれ好みの植物があるのだから。かといって野菜にとって悪玉ばかりが寄ってきては一大事。それに土の中の微生物の種類もかたよって、ときに野菜に悪さをする病原菌がはびこることになる。こんなアンバランスな生態系では農薬なしの有機野菜は育たない。そこで、雑草の出番となる。雑草の種類が多いほど虫も微生物も種類が増えて、悪玉だけが偏って増えるのを防ぎ、生き物たちのバランスをとってくれる。畑では同じ場所で同じ作物を連続して作るのを避ける輪作がおこなわれるが、これも土の中の微生物の種類が偏らないための方策の一つである。

畑の雑草は種類が多い。お隣の畑との間の通路の雑草を調べてみたら、三寒四温の三月下旬でさえも、三十センチ四方の広さに八種類もの草たちが根を絡ませて密生していた。上からだと見えないが、白や赤紫色の小花をつけたナズナやホトケノザの葉の下に、イネ科のスズメノテッポウがすでに穂を出し、イヌムギやエノコログサの幼苗も似たような葉で繁茂している。イネ科の草はネコブセンチュウを予防してくれるといって特に大事にする人もいる。一見ホトケノザに似たシソ科のヒメオドリコソウや青い小花のオオイヌノフグリに混じって白い小花をつけているのはナデシコ科のウシハコベだ。目を畑全体に広げると、ヨモギやギシギシやヒメジョオンの幼苗が既にあちこちに姿を現し、二月に耕した畝の表土にはヒルガオの芽が出はじめている。このヒルガオ、花はピンクできれいだが、地下でどんどん根を伸ばし、その繁殖力の旺盛さで、この近辺の農家の人たちを悩ませている。高温多湿の夏が過ぎ、耕耘機で耕した畝が三週間後にはヒルガオの幼苗で埋まってしまった年もあったほどだ。ヒルガオとのかかわりを臨終の句に詠んだ人もいるというから、美しい花に秘めた底力おそるべしである。

生えてくる草たちの背丈がすべて低いものばかりだったらウィークエンド・ファーマーもどんなに楽なことだろう。夏の暑い盛りには、強い日差しから雑草に守られて育つ野菜もあるけれど、日光をさえぎられると、葉面積の小さいネギは最初に消える。サツマイモも光合成が十分できず、ツルも伸びなければイモも小さい。ニンジンは雑草に負けまいと

ヒルガオのピンクの花

茎葉を伸ばすので、根の肥大が妨げられる。ホトケノザはホウレンソウの畝では問題ない。しかし、冬の寒さに耐え抜いて、これから飛躍しようと地面に這いつくばって力を溜めているイチゴの苗を覆いかくして群生するものは放っておけない。同じ草でも、野菜から日光を奪う草は取り除かなくてはならないのである。

取り除いた雑草は堆肥にする。

「雑草はポリ袋に入れておくと早く堆肥になりますよ」

とお隣の茶畑の奥さんが教えてくださった。早速、試してみると野積みするより遥かに速い。そのうえ、野ざらしと違って、雨が降っても雑草に含まれるカリウムが流れ出てしまわないという効果もある。雑草を抜くそばからポリ袋に入れ、いっぱいになったらその場に置いておく。そうすれば一輪車に積んで、空き地まで運ぶ手間が省ける。

この通路をはさんで西側のおじいちゃんの畑には草がない。畑に草を生やしておくなんて農家にとっては恥ずかしいことなのだ。それなのにうちの畑では草の中に野菜が育っている。季節によって草ぼうぼうのときもあれば、散髪したばかりの頭のように、比較的すっきりしているときもある。一年のうちで五、六月と十、十一月がいちばん畑らしく美しい。夏場になると、いっとき背丈の低い雑草も、気がつくと野菜を覆うほどに生長している。冬には、収穫後の畝がナズナやオオイヌノフグリに覆われて、青い小花が星を散らした夜空のようなファンタスティックな雰囲気をつくる。

こんな畑でも、パートタイム・ファーマーだった初めの頃はお隣のおじいちゃんに感謝されたものである。草ぼうぼうの原っぱだった頃よりは飛んでくる雑草の種がぐんと少なくなったのだという。

「雑草は種をつける前に抜かなくちゃだめだよ」

と言われながら除草に追い回されている私たちに、収穫後の畑に点在したわずかな草を拾うように抜きながら、

「お宅は草の抜きがいがあるね」

とおじいちゃん。雑草には追われっぱなしだったという記憶しかないのに、初めの頃の畑の写真を見ると、今とくらべて驚くほどきれいだ。今、おじいちゃんが生きていらしたら、一体、何とおっしゃるだろう。

雑草は大昔の原始的農耕時代から悩みの種だったそうだ。樹木を伐採して拓いた土地に

火入れをして、表土の雑草の芽や種子を取りのぞいて農地にするのだけれど、雑草の侵入を避けることはできない。収穫後は地力の低下も手伝って、結局、労働力のかかる除草よりも別の土地へと移動する方法を選んでいたそうだ。定着農業が始まっても、穀物を作ったあとには必ず休閑期をローテーションに組んでいて、その一年の休閑期間にも十の乾燥を防ぎ、雑草を防除するために三回は耕耘したという。湿気の少ないヨーロッパでの話である。

時代の最先端をいく除草の方法は、化学合成した除草剤を利用することだ。作物の遺伝子を操作して、除草剤がかかっても生育に影響のない品種を開発すれば、広大な畑に飛行機で除草剤を散布しても、雑草は枯れるけれど作物は立派に育つ。除草に費やす労力と時間は以前にくらべて雲泥の差だ。けれども、こうして生産された大豆が、消費者に受け入れられないのでは、科学技術も立つ瀬がない。

農作業に占める除草の負担の大きさと除草剤が農業の近代化に果たした役割の大きさを実感しながら、それでもわが家の菜園では、除草は人の手や耕耘機や草刈り機といった手間のかかる物理的手段しか使わない。負担に感じながらも、結構楽しんでいるということもあるけれど、化学薬品の目に見えない挙動に対する不安が心の片隅にあることもいなめないからだ。

お隣の茶畑でも、除草剤は使わずに、畝間の雑草が小さいうちに耕耘機を歩かせる。こうすると雑草防除に費やす労力は最小限で済む。うちでも労力節減のために、時間に余裕のあるときは、収穫後に堆肥を投入してから次の作付けまで黒いポリシートで覆って、草が生えるのを事前に防ぐこともする。分かってはいるのだけれど、わが家の菜園では夏野菜の手入れに追われているうちに、気がつくと雑草はその存在をボリュームで主張している羽目になる。

有機栽培の方法は、百人いたら百様のやり方があると言われている。種をまく部分だけ耕して、野菜がある程度大きく育った後は草は伸び放題にしておく不耕起栽培という方法もあるそうだ。草が枯れると土に還り、草原のように労せずして団粒に富んだよい土になるのだろう。それに、草丈が高くなる夏場の太陽光は強烈だ。草が野菜に害のない程度の光の強さに調節してくれるのだろうか。

白いボールに乗ったクモ

夏の朝、庭に出ようと居間のガラス戸を開けると、二階のベランダを支えている柱の間に精巧な網が張り巡らされていた。クモの巣である。放射状に輝く網の中心に家主のクモが足を広げて逆立ちしている。一瞬、その網の見事さ、美しさに目を奪われ、結局、出入り口を塞いだクモの巣はそのままにしておくことにした。

夏になるとわが家のあちこちにクモが巣を作る。軒下は言うに及ばず、居間の天井の隅に巣喰ったり、玄関のドアを開けるやクモの獲物になってしまう羽目に陥ると、思わず

「ここは空き家じゃないのよ！」

と心の中でクモに抗議してしまう。そういえば、隣家が農家のおかげで、南側が広い茶畑と竹林に面しているわが家のネコ額庭には何種類ものチョウやトンボがやってくる。クモはこの家を猟の穴場とでも思っているに違いない。

有機栽培の畑を評価するものさしの一つに、ミミズやクモの数がある。

「クモは多いですか」

と尋ねられて、じっと考え込んでしまったことがある。住まいにはクモがうんざりするほ

どやってくるのに、この十年、畑でクモを見かけた記憶がないのである。畑でクモが網を張れるような所といえば、風が吹いても大きく揺れることのないトマトや三尺ササゲの支柱だけれど、トマト畝には防虫網を張ってしまうし、ササゲの支柱は風通しが悪くなるほどツルや葉で埋まってしまう。しかし、庭先のアジサイの葉の上に巣くっていたクモを見たことがあるので、巣を作ろうと思えば野菜の葉の間にだってこじんまりと糸を張ることもできるはずだ。それなのに、畑でクモの来訪に気づいたことはない。

畑では虫は最大の関心事の一つである。なにしろ折角つくった野菜を、人より先に食べてしまうのだから、虫といえば害虫のことで頭がいっぱいだ。名前をおぼえたり、虫の好みの野菜を調べたりすることには相当のエネルギーを費やした。農作業中にカラフルな成虫や幼虫に出会っては感動するやら、その被害に落胆するやらと始終振り回されもした。

その害虫の捕食者として期待をかけていたのは、近くの林に住まう小鳥たちである。餌を求めて何種類もの小鳥たちが畑へ毎日通ってくる。ときに畝をおおった防虫ネットのなかに侵入したオレンジ色のくちばしの小鳥が、出口を求めて野菜の間をばたばたと飛び回っていたこともある。初めの頃、堆肥枠の中でまるまると育った白い幼虫がカブトムシの幼虫とは知らずに、何十匹も外へ放りだしておいたことがあった。未開の地では原住民のお祭りのごちそうにもなるという虫である。甘くておいしいのだという。それもいつの間にやらきれいになくなっていたが、きっとカラスが大喜びして食べたに違いない。

害虫の天敵である益虫にももちろん関心はあった。畑にアサガオを育てると、ハチが蜜を吸いにやってきて、害虫も食べてくれるという情報を得るや、早速アサガオの種を播いたこともある。効果のほどはよく分からなかったけれど、あれから何年も経った去年のこと、夫が液肥を入れた青いペールの蓋の縁にアシナガバチの巣を二個発見した。あたりをハチがブンブン飛び交っているので、そばには近寄らなかったけれど、巣にはハチの子がぎっしり詰まっていたという。

「ハチに育ってもらって害虫を退治してもらいたいので、捕って食べることなど考えなかったよ」

という夫は、幸いハチの子のおいしさを味わったことがないのである。

畑の片隅に稲わらを積んでおくと、クモが増えて害虫を食べてくれるという。この情報に、わが家の畑はあちこちに野菜の残さなどの有機物が堆積しているので、当然クモは多いはずと安堵したりもした。しかしクモはわが家の畑で網を張ることはなかったのである。

「うちの畑にはどうしてクモがいないのだろう」

と思っていたある日のこと、ブロッコリーの株間に錠剤ほどの小さな白球を見つけた。

「落ち葉の中に梱包用の発砲スチロールの球が混じっていて、堆肥といっしょに畝に運ばれてきたのだろうか。それにしては小さな球だな」

と思いつつ、よく見ると球のうえに乾いた土と同じ色の目立たないクモが乗っているではないか。うちの畑にもクモはいたのである。しかし、このクモは、なんと網も張らずに猟をさぼってボールで遊んでいる。ところが、それからしばらくして、また白いボールで遊んでいるクモを見つけた。じっと様子を見ていると、白いボールに乗っているように見えたクモは、実はその白い球を抱えてノソノソと歩いていたのである。


早速、図書館でクモの図鑑を開く。足の長いもの、短いもの、色が黒いもの、茶色いもの、黄色いものなど、一口にクモといっても色々な種類がいる。それに、なんと網を張らないクモもいるのである。クモがかかえていた白い球は卵の入った卵のうで、コモリグモというクモが、糸で作った入れ物の中に産卵した後、さらに糸で包んで丸くなった卵のうを孵化するまで大事に身につけているのだという。コモリグモは毒グモで、網を張らずに地面を歩き回ってアリやダンゴムシなどの獲物を捕まえて食べるそうだ。アリはレタスやトマトのモザイク病のウイルスを伝播するアブラムシと共生関係にあるし、触るところんと丸くなるダンゴムシは幼苗の茎や子葉をかじって枯らしてしまう。そんな野菜の敵を食べてくれるクモも、目立たないところでわが家の畑のガードマンとして働いてくれていたことを十年経ってやっと知ることができた。

白いボールをかかえたクモの姿を見てからというもの、畝を忙しそうに早足で歩いているボールなしのコモリグモをたびたび見かけるようになった。黒い色の大型のクモが堆肥を入れたばかりの凸凹の土の上を、八本の足で器用に歩いているのも見かけた。毒グモたちはきっと以前から土と同じ色をして天敵から身を守りながらこの畑に住み着いていたに違いない。

畑から採ってきたキクイモの黄色い花を仏壇に供えてから数日たったある日のこと、夕食をお供えするときに、一、二ミリほどの小さな虫が何十匹も葉のまわりの空間にうごめいているのに気がついた。その日の朝、花瓶の水を替えるときにはいなかったはずだ。よく見ると、葉のあいだに細い糸をかけて、子虫がケーブルカーのように、すーっと行ったり来たりして遊んでいる。クモの子供たちである。まるで、わんぱく坊主が学校の階段の手すりを滑り降りるようなユーモラスな光景だ。まだ網を張る技術はなさそうで、どの糸もみな葉の間に渡した単線である。葉を裏返してみると、ざらざらした表皮に、ところどころ黒くよごれた綿のようなものがついていた。キクイモの葉裏にクモの卵のうがついていたのを気づかずに持ち帰ってしまったらしい。息子たちがまだ幼かった頃、カマキリの卵のうを持ち帰ったことがある。翌春、タンスの陰からカマキリの子がぞろぞろと列をなして出てきてびっくりしたことを思い出した。

図鑑のなかにボディの美しさと網の見事さにおもわず目を見張るクモがあった。コガネグモである。残暑のきびしい九月のある日、畑に着くと秋キュウリの支柱と隣り合った三尺ササゲの支柱のあいだの六、七十センチの空間に、なんとあの写真で見たままの光景が再現されているではないか。堂々とまるく張った網の真ん中に、黄色と黒の縞模様の大きなクモが、これまた逆さにじっと静止している。畑ではじめて見る、というよりはじめて気がついた、という方が正確かもしれないクモの網である。感激のあまり、翌日カメラを持って畑に出向いたが、コガネグモの巣は影も形もなくなっていた。夜来の雨で店じまいしてしまったのだろう。それにしてもクモはどうして逆立ちして獲物を待つのだろうか。

いたずらもする仲間たち

アワノメイガにカラスにタヌキ

八月も半ばを過ぎると、秋野菜の種まきが始まる。ダイコンもその中の一つである。ダイコンはきれいな土を好み、小石が一つ混じっていても、根に触れると二股のダイコンを作ってしまう。大抵の野菜の大好物である堆肥も、タコ足ダイコンを作る原因になるので嫌われる。そんな訳で、ダイコンの畝は肥

畑のダイコン

料として堆肥を使わず、発酵鶏糞や米ぬかに頼ることになる。その上、前作にはスイートコーンを栽培して、土壌のクリーニングをするという念の入れようである。スイートコーンは、土の中の小石まで掃除してくれるわけではないけれど、吸肥力が強いため、余分な養分を吸い取り、作物の根に寄生するネコブセンチュウも防除してくれるという。

野菜の中では唯一イネ科に属するスイートコーンは、きわめて丈夫で作りやすい部類に入る。ところが先端に雄花が出穂すると、そのおいしさに誘われてアワノメイガがやってくる。三センチほどの大きさのガだが、困ったことに葉裏に卵を産みつけて、孵った幼虫がまた親に似て、スイートコーンが大好きというのが、スイートコーンにとっては、いかにも不運の始まりである。幼虫は茎に入りこんで、内部を喰い荒らしては、小さな穴からオカラに似た糞を外に出す。挙げ句の果てに茎を空洞にして倒伏させてしまう。さらに雌花にあたるヒゲのついた実の皮の中に入り込み、未熟の粒も食い荒らしてしまうのである。

農薬を使わないわが家の菜園では、雌花が受粉するとすぐに、先端の雄花の穂を切り落としてしまう。アワノメイガを寄せつけないためである。そのため、わが家の菜園のスイートコーン畝には、あのトウモロコシ畑特有の情緒はない。真夏の熱い太陽の下に、背の高い堂々とした体躯を並べ、先端の穂を冠のように誇らしげに頂いているトウモロコシ畑の光景は、いかにも平和を思わせるものである。それに反して、穂先を切り取られたトウモロコシの群の方は、いかにも荒涼とした雰囲気を漂わせている。トウモロコシは、穂があるからこそトウモロコシなのである。

甘いスイートコーンを食べたい一心で雄花の穂を切り落としてからほぼ三週間になる。雌花の穂が黒く染まり、いよいよ明日にでも収穫しようかと、畑仕事を終えて夕闇の中を帰路につく。翌夕、畑に着くと、なんと何本かのスイートコーンが倒れているではないか。近づいてみると、倒れたスイートコーンの実は、きれいに食べ尽くされている。さらに、数本のスイートコーンが、立ったままで皮が途中まで剥かれ、実が食べられている。いったい誰の仕業なのか。

農家の方の話では、スイートコーンを倒して食べるのはタヌキで、立ったままで食べるのはカラスだという。そういえば、何年か前に隣家の製茶工場内でタヌキが出産し、新聞記事になったことがある。ここはタヌキの居住圏内なのである。しかし、カラスが食べたという方は、まるで人間の手を使ったように、皮がきちんと下の方に向かって剥かれている。カラスの仕業とはとても信じられない。

夏休みに東北方面にドライブした。信号待ちのとき、ふと道路脇のトウモロコシ畑に目をやると、なんとカラスが三羽、スイートコーンをついばんでいるではないか。現行犯である。剥いた皮の上に足を乗せ、くちばしで熟れた粒をつついている。身体の重みで、足の下の皮に折り目がついてきれいに下を向き、まるで人間が剥いたように見える。「百聞は一見に如かず」である。

スイートコーンをついばむカラス

イモムシたち

野菜は緑色というイメージがあるが、緑色にもいろいろある。色の濃淡はもちろんのこと、黄色や青や赤みがかったもの、さらに、野菜の葉の物理的な硬軟によっても、同じ緑色から受ける感触が異なる。したがって畑には何種類もの緑色が見られるのだが、その中で最も美しく感じるのは若いニンジンの葉の緑である。ニンジンの葉は、羽状に細かく裂けているため、見た目が軽やかだ。そのうえ生育中期の葉は、色調が明るく柔らかい。畑一面に広がる緑の羽のカーペットには、雲にも似た優しい感触があり、ニンジン畑は見ているだけで心地よい。

そのニンジンの葉が大好物というイモムシがいる。キアゲハの幼虫である。老熟幼虫は五、六センチもあるムックリ太った大型で、鮮かな黄緑色の地に黒の横縞と赤い斑点のある体躯は、羽化してチョウになった姿をほうふつとさせるものがある。イモムシという名を冠するにはあまりにも華やかで、バニラに似た香りを振りまいているところなどは、イモムシの女王様といったところだろうか。形が大きいため大食漢で、裸にされて葉脈だけが残された葉の近くには、必ずこの

ニンジンの葉

イモムシがいる。

同じチョウといっても、モンシロチョウの幼虫は控えめだ。老熟幼虫でもせいぜい三センチくらいの保護色のアオムシで、キャベツの葉の葉脈に重なっていると見分けがつかず、探すのに苦労させられる。葉の色と同じアオムシの「在室札」は糞である。アオムシは他の幼虫類と同様、食欲がきわめて旺盛で、キャベツの葉を食べては糞を出し、一齢から二齢……五齢と脱皮して、みるみるうちに大きく育つ。夏場では卵から蛹《さなぎ》になるまでに一か月もかからないというスピードぶりである。したがって、糞の量も誰の目にもそれと分かる程の山になる。朝のうちに畑に出向き、葉の上にみずみずしい糞を見つければ、その葉の上には必ずアオムシがいるはずである。糞の山の大きさで、アオムシの大きさも予想できる。畑を始めた頃は、一日で百匹以上捕まえたこともあったけれど、今では、防蝶網を張らなくても、モンシロチョウの食害は、春キャベツの生育にはさほどの影響はなくなった。天敵が増えたのだろうか。

幼虫といっても、見た目はみな違う。コマツナなどのアブラナ科の葉菜につく二センチほどの真っ黒い幼虫は、黒いタイツを身につけたスリムなキッズといったイメージである。

カブラハバチの子供だということだが、このハチ、どんなハチなのかは分からない。多分、畑で見たことはあるのだろうけれど、残念ながらハチの姿形で種類を見分けられるほどの物知りではないのである。この虫、ちょっと触れるだけで、コロンと地面に落っこちる。

コマツナやチンゲンサイなどのアブラナ科につく虫で一番多いのは、コナガの幼虫である。一センチくらいの白っぽくてかわいい虫だが、生命力がきわめて旺盛で、収穫後にきれいに洗ったはずの菜っぱでも、葉の窪みに執拗にしがみついていて離れない。冷蔵庫の中でも生きのび、熱湯で湯がいて初めて葉から離れて湯の表面に浮かび上がってくる。湯がいた菜っぱを冷水に取って軽くすすいで水を切り、おひたしにするのだけれど、たまに小鉢のゴマ和えの中からヒョッコリ姿を見せたりもして家族を驚かせる。

海のない信州では、昔からタンパク源にハチの子やイナゴを食べる習慣があると聞くけれど、同じ海のないこの県でも、さすがコナガの子を食べるということは耳にしたことがない。

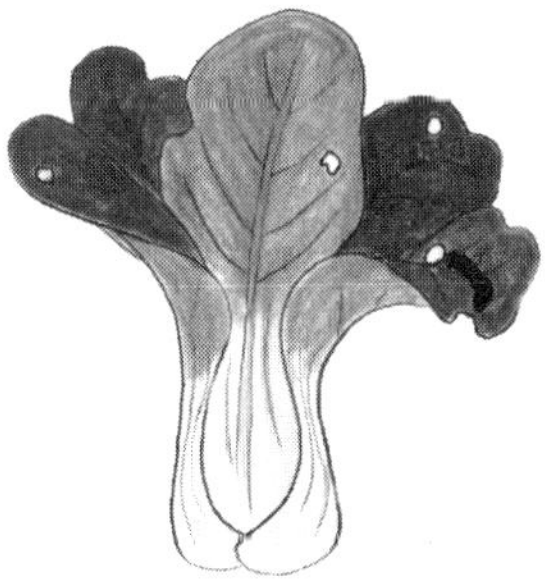

チンゲンサイを食べる
カブラハバチの幼虫

グロテスクなイモムシナンバーワンはハスモンヨトウというガの幼虫である。四センチくらいの茶色っぽい体に、縦の白い線が何本か入り、その線に沿って、黒い斑点が規則正しく並んでいて、色柄は「熟年のおじさん」という雰囲気を醸し出している。このイモムシ、昼は土の中に隠れていて、夜になるとハクサイなどの葉を喰い荒らすので、農家の人たちからは「夜盗虫《よとうむし》」と呼ばれて迷惑がられているが、それも無理からぬことではある。

土の中で悪さをするイモムシもいる。レタス畝で昨日までおいしそうに結球していたレタスが、急にしおれて元気をなくしていることがある。

「どうしたのだろう」

と触ってみると、バサッと横に倒れてしまう。地際のあたりで根と茎が切断されているのである。根のそばの土の中には白っぽいイモムシが、叱られるのを怖れているかのように小さく丸まっている。カブラヤガの幼虫だという。カブラヤガの幼虫はイチゴの根を食べるコガネムシの幼虫と並んで根切り虫の代表である。

イモムシたちは、人がコートを脱ぐ季節がやってくると、こぞって畑に現れる。それぞれの親たちが選んだ好みの野菜を食料豊富な住処《すみか》とし、羽化するまでの短い期間をそこで過ごす。その数は数えきれず、種類だけでもわが家の菜園には一種類以上はいると思われる。白っぽい無地のイモムシが多いけれど、緑色、茶色、縦縞や斑点模様の虫などもいる。この虫たち、防除に苦慮させられてはいるものの、農薬を使わない菜園の野菜の安全マークとなって、私たちを安心させてくれている一面もある。イモムシたちは、もっぱらわが家の毒見係りといったところだろうか。

ジャガイモの火傷

タマネギは茎を食べる野菜だったけれど、てっきり根菜だと思っていた茎菜がほかにもある。土の中から収穫したら、根と思っていた部分から別の根が出ているのに驚いた。サトイモである。

サトイモは「カシラ」と呼ばれる中心の大きな親イモに「小ガシラ」の子イモがついている。その子イモに鈴なりに群がっている孫イモがいわゆるサトイモである。

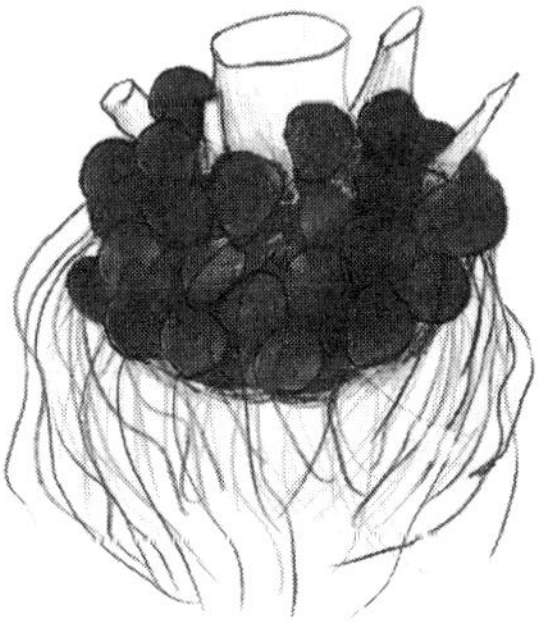

サトイモ

そのイモ全体から出ている根は、収穫時には切り落とす。煮っ転がしのサトイモは、実は塊茎だったのだ。

ジャガイモもやはり塊茎。しかし収穫するときには根はついていない。春にまく種イモからも根は出ず、芽が出ると、その茎の土に埋まった部分から根が生える。同じイモでもサツマイモは歴とした塊根で、デンプンが根に貯蔵されたもの。これくらいは、この私でも知っている。土の中から掘り出すタケノコが、地下茎から出た竹の芽だということも。

「同じ地中に育つのに、堆肥の好き嫌いがあるのはなぜ？」

タマネギ、ジャガイモ、サトイモは堆肥が好き。ダイコン、ゴボウ、サツマイモは堆肥が大嫌い。堆肥を入れると股分かれしたり病気になったりする。

「そうだ、塊茎と塊根の違いだったのだ。根を食用にする作物だけが堆肥をきらうのだ」

根を食べるニンジンやカブは堆肥を入れても大丈夫だけれど、根の表皮がざらざらになる。

ジャガイモは、痩せ地に半熟堆肥をたっぷり施すと、初めの年から握りこぶしほども大きく肥大した。段ボールに保存する前に、日陰に干して乾燥させる。収穫時の六月は、雑草の始末にも追い回されて忙しい。何年目かの収穫時、掘ったジャガイモを畝の上に放っておいて乾燥させた。六月の太陽は、強烈だ。じりじりと照りつける太陽に二日もさらされたかわいそうなジャガイモは、そのほとんどが大火傷。黒く変色した表皮が、ただれて腐って悪臭を放つ。ジャガイモだって生きている。人間と同じように火傷もするのだ。

火傷があるなら、凍傷だってあるはずである。

「そうだ、冷蔵庫に置き去りにされたキュウリとナスとピーマンだ」

採れすぎた時など、ひとまず冷蔵庫に入れておくのだけれど、気がつくと、まるく凹んでピッティングができている。ナスは茶色に変色する。結局、堆肥の材料になってしまう。それぞれ、インド、インド、熱帯アメリカ原産だ。寒いところは性が合わないに違いない。

野菜から見れば、霜害だって凍傷だ。寒さに弱いシュンギクは最初の霜で葉の一部が凍傷にかかり黒変し、数回あたると凍死する。夏どりジャガイモの種を秋口にまいてみたことがある。百科事典にジャガイモは年に四回とれるとあったからだ。短絡的に考えて、早速種イモをまいてはみたものの、この地は十一月に霜が降る。十月にはトンネルでおおい、十一月には二重にした。それでも寒さに耐えられずに茎葉が壊死して黒くなった。寒さに弱い作物は、気温が下がると細胞内が酸性になり活動が止まる。低温の時間が短ければ、気温があがるにつれて細胞も元にもどり活動を再開するが、低い気温がつづくと細胞は蘇生できずに死んでしまう。

去年は秋どり用の種が入手できた。寒さに強い品種である。早速、八月下旬にまいたところ立派なイモが収穫できた。夏どりジャガイモは秋になると芽が出てしまう。春まで持たせるため何度も芽を掻くのだけれど、そのたびに肉質に張りがなくなり、ふにゃふにゃになってくる。十二月に収穫するジャガイモは、夏どりの新ジャガができるまで重宝する。レタスもキャベツもハクサイも、年を越して土が凍るほど寒さが厳しくなると、水分の多い内側の葉が凍ってしまい、もはや元にはもどらない。これもみんな凍傷だ。

プリンスメロン

プリンスメロンは下痢をする。下痢で脱水症状を起こしやすい。スイカやカボチャなどの夏野菜と同時に植えつけるのだけれど、敏感なプリンスメロンだけが何度か枯れた。夏など表土が乾燥しても、作物はそれだけで枯れることはないはずだ。根が吸い上げる土壌の水は、直径が千分の一ミリという目には見えないほど細い土の間隙《かんげき》を、地下深くから絶え間なく伝ってくるという。有機物を多く含んだ土は、土の粒子が集まって団粒という構造を作っている。団粒は水を汲み上げる細い孔隙が多い。雑草を防除する方法として、表土を耕して、この細管を切断する方法もあるそうだ。土壌の乾燥も防ぐことのできる一石二鳥の方法だ。耕耘してこの細管を切らない限り、水の道は断たれないはずだ。それが証拠に、この十年間、真夏に日照りがつづいても、空き地の雑草が枯れ果てたことはない。

初めの頃は、痩せ地を肥えさせるため、せっせと肥料を施した。ここの土は黒ボク土と呼ばれる火山灰土。リンが土に奪われやすく、作物が吸収できる分が少ないという。リンを期待して骨粉を撒き、窒素とカリを期待して発酵鶏糞を使う。発酵鶏糞は分解が速く、化学肥料の効果に近い。さらに、燃やした草木の灰をまく。ミネラルは自家製の堆肥に頼る。市が無償で提供してくれる下水汚泥のコンポストも鋤き込んだ。みんな微生物が分解してくれた後は、土壌水に溶け込んでいるはずである。土壌の水は分解した養分のイオンで濃くなる。メロンの苗に含まれる水より土壌の水の方が濃くなると、土壌の水を吸い上げるはずの根から、逆に水が流れ出す。水は濃度のうすい方から濃い方へ流れておなじ濃度になりたがるからだ。普通、野菜は体内でアミノ酸のプロリンや糖を溜めて体液を濃くし、水の逆流を防ごうとする。プリンスメロンはこの力が弱いのだろうか。畑にほどこす肥料も、過ぎたるは及ばざるより悪い場合もあるようだ。

第三章　小さな発見と感動の日々

ズイキはヤツガシラの茎

サトイモは雨の多い年に豊作となり、サツマイモは乾燥を好む。五月から十月のおなじ栽培期間に、雨が少なく土壌が乾燥すると、サトイモは育ちが悪く、ひどいときには葉が茶色に変色して枯れてしまう。そんな年はサトイモの価格が高く、したがって翌年の種イモの値段も高騰する。サトイモの作付け面積の多いこの近辺では、気候の変動に振り回されないよう、灌漑用のスプリンクラーを畑に設置している農家も増えている。普通、農家は自分の畑の土の中にイモを埋め、雨に当てないように上手に保管して出荷に備えたり種イモにしたりする。深さ一メートルもの溝を掘り、

収穫期のサトイモ

サトイモがびっしり付いた株を整然と積み並べていく作業は、まるで工場の部品管理をイメージさせる。わが家の畑でも土壌の水分を意識して、サツマイモは川から離れた畝に、サトイモは小川に近い畝に作付けし、サツマイモの保管は暖かい台所に、サトイモは畑に穴を掘って保管するのだけれど、素人にはこれが結構むずかしい。サトイモは脇から雨が入っても腐ってしまうのである。さらに、忙しさに紛れ、収穫が年を越してしまうと、土が凍ってサトイモも凍り、皮の中がぐにゃぐにゃになってしまい、種イモどころではなくなってしまう。

ある年の春、種イモの保存に失敗し、種苗店へ出向いたが既に売り切れていた。店に家庭菜園用の種を買いに来ていた方が、種イモが余っているからと譲ってくださった。ちょっと小振りだけれど、サトイモと同じ姿形のズイキの種イモも一緒にくださった。ズイキは、サトイモの茎の赤いもので、皮を剥いて干して食べるとおいしいのだそうである。早速、植え付けて、その年の秋には教えられたとおり皮を剥き、親指と人差し指の爪を真っ黒にした。軒下につるして、しわしわに干上がった茎を水で戻してこんにゃくや油揚げなどと一緒に煮てみると、ことの外ほかほかご飯によく合うおかずができた。お陰で、その冬は何度もズイキのメニューが食卓に上ることになった。

秋の収穫シーズンのある日のこと、畑へ出かけると、お隣の畑のおじいちゃんが、畝間で見つけたズイキの株を拾い上げて、

「これ、どうしたの」

ズイキの赤い茎を株元から切り取った後、要らなくなった株をサトイモのカシラと同じように放っておいたものである。訳を話すとにっこり笑って
「これはヤツガシラといって、お正月に煮て食べるんだよ」

とおっしゃりながらイモの周りをきれいに削ってくださった。すると昔、母が水盤に入れて芽を出させ、さわやかな茎葉を楽しんでいたあの八つ頭と同じイモが現れたではないか。どう見ても、お重箱のなかの大振りのお煮しめを連想できる代物ではないけれど、ズイキとヤツガシラは同じ植物だったのだ。

ヤツガシラの一件もそうだが、知って得することが畑にはいくつもある。まずはヤマイモのムカゴである。ヤマイモを栽培していると、一見お茶の実を小さくしたような、指の先ほどの大きさのイモの種が、葉の付け根から次々とこぼれて土を覆い、翌年発芽する。

このムカゴから育てると、ヤマイモは大きく育つまでに何年もかかるので、種イモには普通、完熟したヤマイモを数本に切り分けて植え付けるか、ムカゴが十五センチ位に育ったものを使う。このムカゴ、マーガリンで炒めて塩コショウすると、結構おいしくいただける。炊き込みご飯にするのもよいというが、好みではないので一度試したきりである。

ニンジンの葉が身体によいという。ガンや動脈硬化などの原因となる酸素ラジカルのなかでも一番の悪玉の過酸化脂質ラジカルなるものを中和して無力化する力が、特に紫外線をたっぷり浴びて育った葉菜類に多いという。その中でもニンジンはトップなのだそうだ。ニンジンは根を食べるものと思いこみ、葉は捨ててしまっていたけれど、以来、みじん切りにしてパセリの代わりに使ったり、野菜オムレツに入れたりして利用することになった。スープにすれば、細胞がこわれて中の成分が十分溶け出してくれるので、健康効果はもっと上がるはずだ。

夏ニンジンの収穫時、切り落とした葉の一部を冷蔵庫に保管した。入りきらない分は硬い茎を取り除き、さっと湯がいてみじんに切り、ポリラップの上で薄く延ばして板状にしてフリーズした。冷蔵庫に保管したものから先に使い始めたのだけれど、数日後には葉がどす黒く変色してきた。どうみても食材としての魅力が感じられないような色である。冬ニンジンの葉は霜にあたって葉先が赤くなるけれど、冷蔵庫に保管しても、こんな風に変色することはない。「秋」という冬への準備期間を経ていない植物は、急に低温のなかに置かれると、細胞が傷害を受けて死ぬ。いわゆる冷害である。結局、冷蔵庫の葉は捨てることになり、フリーズした板状のみじん切りを必要なときに必要なだけパリパリと折って使うことになった。

年を越して畑の土が凍り、ポリのトンネルでカバーしてもキャベツの葉が凍ってしまう頃、暮れのうちに収穫したキャベツの切り株からいくつも芽が出て、いつの間にか十センチほどの葉に生長している。「ヒコバエ」という言葉を、この世界に入って初めて知った。このヒコバエ、キャベツの外葉のように、生食用には硬すぎるけれど、朝食のオムレツの具には欠かせない。寒さが厳しさを増してキャベツがとれなくなると、外葉の代わりにボルシチの材料としても使える。

シソは青ジソ、赤ジソともに、毎年季節がやって来ると、畑のあちこちで雑草とともに発芽する。最初は、よその畑から鳥の糞に混じって運ばれてきたものである。所を選ばず発芽し健気《けなげ》に育つので、フレアー付きの、いかにもおいしそうな葉をつけた株を十本くらい畝に移す。秋口、房のつぼみが開き始める頃、つぼみをしごき取り、佃煮にすると風味のある箸休めの一品ができる。刺身のツマにも使われるけれど、佃煮もおいしくて重宝する。このシソの葉、猛暑のあいだ中、わが家ではミョウガと同様、目立たないけれどサラダには欠くことのできない存在となる。

サラダといえば、シュンギクの葉がいける。初めて口にしたときは、先入観も手伝って、何とも妙な味だった。それが、サラダ野菜を欠いたとき、仕方なしに生食に供して以来、スライスタマネギやワカメなどと一緒に盛りつけて、和風サラダの食材として定着してしまった。イタリア料理のレストランでは、カリカリベーコンを散らして、ドレッシングでいただくそうだ。生食用としては、もちろんアクのない草丈十五センチ以下で収穫した葉だけを使う。これができるのも、わが家の菜園があればこそ。ホウレンソウもコマツナも若い葉のうちならアクがなくサラダに利用できるといわれているが、今のところ、試してみたのはシュンギクだけである。

ささやかな抵抗

有機栽培のトマトやナスは十月になっても食卓を彩ってくれる。オクラもピーマンも九月はまだ盛りである。切り口が五角形のオクラは、十月に入り秋風が快くなるにつれてサヤの伸びが緩慢になり、表皮にブツブツができるようになる。この頃になると、草丈が二メートルにも達するのだが、先端にはつぼみと花がいまだにサヤを作る準備をしているのがしおらしい。

小花が多く、比較的地味な野菜の花たちの中で、オクラの花は異色である。同じファミリーに属すアオイ科の芙蓉やハイビスカスの花ほど大きく派手ではないけれど、ムクゲやタチアオイの花によく似た形で、上品なクリーム色の花びらの奥がチョコレート色に染まっているのが個性的である。野菜としての役割を終えた十月のオクラの美しい花を眺めて

オクラのクリーム色の花

いると、てのひら形の大きな葉をつけたダイナミックな木姿とのコンビネーションをそのまま花瓶に挿してみたくなる。ついつい一メートルくらいに切って持ち帰るのだけれど、このオクラ、直径が数センチもある太い木質化した茎の根元をつぶしてみても焼いてみても、水が上がってくれないのである。一晩のうちに、力強く四方に広がった長い葉柄が、だらりと垂れ下がって惨めな姿に変身してしまう。それなのに、花だけが、あたかも畑にあるかのごとく静かに鎮座しているのは奇妙なものだ。

十月も下旬になり、夏野菜の残さを積んだ側を通って、はっとした。畝から根ごと引き抜いて一週間以上も経ち、どの残さも枯れてしまっている中に、オクラのあの印象的な花だけが、横たわったまま、まだ緑色を残した茎の先端で無表情に天を仰いでいるではないか。そういえば、花のなかでも高貴とされているランも無表情だ。茎についた花がどれもみな同じ顔つきをしている。オクラの無表情に気づいて以来、最近とみに多くなった顔のシワやシミが気にならなくなったのは喜ぶべきか悲しむべきか。美しく整った無表情もいいが、シミとシワの演出による表情の豊かさはもっといいと思うことにした。このオクラ、米国へ行っても「オクラ」のままで変わらない。もっとも発音は変わるけれど。

オクラだけでなく、キュウリやトマトなどの果菜類やキヌサヤなどの豆類も、実をつける前に花を楽しませてくれる。ジャガイモも塊茎がふくらむ前に愛らしい花を咲かせる。ブロッコリーやカリフラワーは、花の蕾が野菜になる。しかし、蕾がついてしまっては野菜にならないものもある。ホウレンソウやシュンギクなどの葉菜類はもちろん、ダイコンやニンジンなどの根菜類、ネギやタマネギといった茎菜類もこの仲間に入る。花を咲かせて種を作り、子孫を残す前に人間が食べてしまうのだが、この野菜たち、天敵である人間の期待を裏切り、ささやかな抵抗を試みることがある。いわゆる「とう立ち」である。

ネギボウズ（ネギの花）

春先のダイコンはとうが立ちやすい。肝心の根っこは太らないのに、春の気配を感じ取るや、直ちに葉の付け根の真ん中に蕾をつける。畑に出向く週末ごとに蕾をつけた茎が伸びて、いつの間にやら一メートルは優に越し、十文字の真っ白い小花を大気の中に飛び散

らすように広げる。花が咲くまで放ってあるダイコンを見るに見かねて、隣の茶畑のご主人が

「蕾も食べられますよ」

と教えてくださった。折角だけれど、いつもは花より団子の私でも、こんなに伸びやかで美しい花は、見て楽しむに限る。長く手折って、自然のままの雰囲気を部屋の中へ持ち込むことにする。

このダイコンと同じファミリーのブロッコリーも花の形は十文字。冬のあいだ中、ビタミンを供給してくれた花蕾に飽きた頃、残りの蕾を放っておくと、クリーム色のかわいい小花のスプレーが楽しめる。大きめの鉢に移し、これもわが家の玄関先へ。四方に広がる小花が、明るい春を振りまいてくれる。

ブロッコリーの花

冬のスイカ

サラリーマンの家庭にとっては夢のような広い土地をお借りして野菜づくりを始めると、あれもこれも作りたいものは何でも試してみることができる。それに、いくら手づくりだからといっても毎日同じものは食べたくない。結局、始めてから数年後に数えてみたら、年間五十種類もの野菜を作っていることになった。

スイカも作りたい野菜の一つだ。子供の頃、夏休みに田舎の親戚に行ったとき、採りたてのスイカをごちそうになったことがある。都会育ちのせいか「畑でとれた」というのが妙に印象的で、せっかく切ってくださったスイカがピンク色した未熟果だったけれど、子供心にも頂かなくては悪いと思い、中でも一番色の濃いのを選んでかじった記憶が生々しい。

スイカ

五月の連休に苗を植えつけたスイカが、暑い夏の盛りに大きな実をつけた。一抱えもあるほどの実である。胸がわくわくするけれど、一抹の不安も残る。形が丸ではなく楕円形な上、あのスイカ特有の黒いギザギザ模様がないのである。それに皮に粉が噴いている。

「このスイカは縞模様のない種類なのかな？」

家に持ち帰り、桃太郎の親のような気分で期待に胸をふくらませ二つに切った。なんと、中は真っ白だった。その上、中心に、やはり白い種がぎっしり詰まっている。真っ赤な甘いスイカをイメージしていた私の頭も、一瞬真っ白になった。

「一体これは何だろう？」

何か分からないけれど、スイカでないことは確かである。折角のことに捨てる気にもならず、そのまま台所のハッチの上に放っておいた。

夕方になって台所に立ったとき、その白い果肉を見て、はっと気がついた。

「そうだ、トウガンだ！」

京都で過ごした学生時代、夏休みにお寺で合宿したことがあった。由緒あるお寺で、私たち学生が泊まった離れの部屋にも、総《ふさ》飾りのついた御簾《みす》が張り巡らされ、紫式部や清少納言を連想したものである。お寺の建物はスケールが大きく、柱も太ければ床も高い。建物の裏側に敷き詰めた大きな石の上に、日向の匂いのする柱に立てかけて、大きなトウガンがいくつも置いてあったのが記憶に残っている。そして、食事には毎回トウガンの汁がついたことも。目の前にあるのは、まさにその時と同じトウガンだった。スイカは、根を強くするため、台木の上に接ぎ木して苗を作る。台木に使ったトウガンが芽を出して実をつけてしまったというお粗末なお話である。

スイカは開墾したての処女地を好むという読んだばかりの指南書に触発され、トウガンスイカの次の年のスイカの苗は、まだ耕していない空き地に植え付けることにした。硬い土を起こし、堆肥と発酵鶏糞を施し、準備完了。この年は四本の苗を植えた。夏がやってきて、スイカもそろそろ収穫できるほどに大きく育った。そんなある日、畑に入ろうとすると、何やら赤いものが目に入った。

「何だろう」

近づいてみると、スイカが真二つに割られ、人が食べたように、きれいに果肉がえぐられている。がっかりする前に、その見事な食べっぷりに関心してしまう。カラスの仕業だという。しかし、手のないカラスがどうやって丸いスイカをあんなにきれいに食べたのか、私には未だに謎である。以来、スイカの実が、スイカらしく膨らんでくると、草をかぶせて隠したり、防鳥網を張ったりしてカラスから実を守ることにしている。

　空き地に思う存分つるを這わせて実った甘いスイカを味わった後、枯れた残さは積んで堆肥にする。根ごと引き抜いたスイカのつるをすぐ側に積んだ残さの山に加えた。季節が変わり、寒風が吹き、師走がやってきた。畑に堆肥を入れると、地温が上がるうえ、まいた種の上に堆肥をかぶせてやると、透明ポリのトンネルとの相乗効果で保温効果がよくなる。春先の緑黄色野菜が少ない時期に収穫できるよう、真冬に播種するコマツナは、柔らかくておいしい。

　堆肥化した残さを取り出すため、まだ枯れ草

スイカを食べるカラス

のままの上の方の残さの山を崩すと、なんと中からスイカが現れた。小さめだけれど夏と同じスイカである。よく見ると引き抜いたはずの根の一部が地中に残っており、覆われた残さの保温効果に守られてうらなりの実が生育したものと思われる。実物を目の前にしても、まだ半信半疑のまま家に持ち帰り、早速包丁を入れた。赤かった。本物のスイカである。真夏のスイカほど甘くはなかったが、十分食べられる代物である。味見の残りは冷蔵庫に入れておいたが、このスイカ、いつまでたってもなくならなかった。寒い冬にスイカはお呼びではないのである。

畑ことば

十一月も下旬になると、あちこちで茶色に変色した木の葉が寒風に促されて、真夏の夕立のように激しく降り始める。市内を車で走ると、一番目立つのがケヤキの落ち葉である。県の木に指定されているケヤキは、市内の至る所にあの伸びやかで頼もしい樹姿を見せ、日本一長いケヤキ並木で有名な浦所線をはじめ、街路樹として四季を演出している道路が多いからである。

道路に落ち葉が積もると「くず掃き」が野菜づくりの大事な作業となる。わが家にとって落ち葉は肥料だ。「くず」だなんてとんでもないが、農家の冬の行事である堆肥用の落ち葉集めを、この近辺ではこんな風に呼ぶ。堆肥にはケヤキより葉の厚いナラの落ち葉の方が適しているとプロは言い、窒素分の多いクヌギの葉が良いと書物は語る。江戸時代に農地として開拓された三富《さんとめ》地区の農家の作りは、背後にコナラの林を控えて広い農地を置き、その前に住居を構えている。自分の敷地内で堆肥の材料も供給できるというわけだ。しかし、自分の林を持たないウィークエンド・ファーマーにとっては、誰でも自由に集めることのできる公共の場の落ち葉に頼るしかない。そこで、公園か路上かということになるのだが、どちらかというと、路上の

所沢のケヤキ並木

落ち葉の方がよい。小枝や小石があまり混じっていない上、車の往来で葉がこなれていて、集めてポリ袋に入れたとき、空気の量が少なくて沢山入る。それに、堆肥にしたときに分解が速いように思われるからである。数年前にコンサート・ホールができて以来、市の清掃車が増えて、路上のゴミもめっきり減った。おかげで「くず掃き」のときにゴミを拾い分ける必要がなくなった。それでも落ち葉に混じって運ばれる小石やお菓子の小袋は、堆肥積みの時はもちろんのこと、畝に堆肥を運ぶときも、耕すときも、種をまいたり収穫するときも、土の表面にいつの間にやら現れる。とくに降雨の後は表土が洗われて、小石が土の中から浮上する。わが家の畑のあちこちに置いてある洗剤の空き箱は、こんな落ち葉に混じった「くず」を入れる「くずかご」なのである。

この「くず掃き」という言葉に始まり、農の世界に触れてから初めて知った言葉がいくつかある。いずれも、この世界での作業や生活に欠くことのできない便利で使用頻度の高い言葉に違いない。

「霜げる」という言葉もその一つである。文字にすると意味がすぐに理解できるのだが、音にすると初めて聞く人には耳新しく、会話の状況からしても、一瞬「えっ」と聞き返してしまう。霜が降りて、寒さに弱い野菜の葉が壊死して黒くなってしまうことを言うのだが、辞書に載っているところをみると、この地方の方言ではなく、歴とした共通語なのである。この言葉を耳にするまでは、「霜でダメになってしまった」と表現していたが、「霜げる」という方が、何とも軽快ではあるが、霜害の感じをよく表しているではないか。

やはり辞書にあり、はじめて耳にしたとき、美しいと感じた言葉に「芽ぐむ」という言葉がある。「恵む」とは、ひらがなにすると同じ文字だが、音にするとアクセントが違う。「恵む」は「め」が低く「ぐむ」が高くなるが、「芽ぐむ」は「ぐ」だけが高い。植物の芽が土を押し上げて地上に出かかった状態を表す言葉だが、まだ「芽が出た」とか「発芽した」とか言うには少し早いかな、と思われるときに使う。同じような意味でよく使われる言葉に「芽生える」があるが、「芽ぐむ」には「芽生える」よりやはり時間的に少し前という音の響きを感じる。いずれにしても、希望と愛らしさを込めた優しい言葉である。

田んぼには畦《あぜ》がある。畦は田んぼの仕切りでもあり、通路でもある。畑には畝があり、畝と畝の間の通路を人が通る。畑を始めた頃は、この通路の呼び方を知らなかった。頭の中の辞書には野菜が育つ「畝」を表現する言葉しかなく、初めの頃読んだ家庭菜園の本でも「畝」だけで用が足りていた。しかし農作業には、畑の通路である「畝と畝の間」を表現する言葉がないと、コミュニケーションがうまく行かない。なにしろ畑のメーンステージともいえる畝を支える場所である。しかたなく、わが家では田んぼから借りた「アゼ」を代用していた。「畝間《うねま》」という、ごく自然な言葉があることを知ったのは、畑を始めてから数年後のことである。

言葉は、まず人の生活があって、その営みを円滑にするために生まれ、発展してきたという至極当たり前のことを、未知の分野に足を踏み入れることで実感させられている。

キッチンガーデンの香り

ケヤキ並木に面した航空公園の駐車場は、腰の高さほどの石垣に囲まれ、その上に高いツバキの垣を巡らせている。毎年、堆肥用の落ち葉を集めに行く真冬に、この暗緑色の生垣は無数の濃いピンクの花で明りが射したようになる。そして石垣の上は、落ちた花弁でピンクに染まり、外の寒風を忘れた暖かい車の中から見る景色は、まるで春爛漫といった趣がある。

落ち葉を集め終わると、きれいな花びらも拾いたくなる。視界に広がるさまざまな花の表情をいろいろな角度から眺めて楽しみながら、かぶっていた麦藁帽子をひっくり返して花びらでいっぱいにする。花びらは大事に運ばれて、わが家の湯船の中へ。キャメリア・バスの材料となるのである。大気の中ではほとんど香りを感じさせてはくれないツバキの花びらも、湯船の狭い囲いの中で四十度のお湯に温められると、ほんのりと爽やかな香りを放って疲れを癒してくれる。

広い畑では匂いを感じることのない野菜たちも、収穫して台所に運ばれてくると、狭い空間の中で、それぞれの香りを放つようになる。シュンギクはもちろんのこと、キャベツもコマツナも特有の香りがある。そのままでは匂わないキュウリやナスも包丁を入れれば、やはり独特の香りを放つ。

しかし、畑の大気の中でも辺りに香りを発散させているものもある。ハーブ類である。シソは草丈が高く、人の嗅覚器官に近いこともあって、そばを通るとそれと判る匂いがするがスイートミントにはかなわない。生命力旺盛なスイートミントは、放っておくとどんどん四方に這い広がって隣の畝を占領し、夏が来ると紫色のかわいいぼんぼりを楽しませてくれる。野菜として収穫されることのないその存在を、近くを通るたびに強い香りでアピールしているのだろうか。霜の当たらない日当たりの良いところでは、冬場でも寒さに耐えて茂り、天然の入浴剤として皮膚炎を抑え、香りを楽しませてくれるのが有り難い。

動物性の有機質肥料である鶏糞は、発酵した後も強烈に臭う。いわゆる肥料の臭いである。植物性の米ぬかやナタネ油かすは、そのままでは厭な臭いはないけれど、袋に入ったまま雨にあたると、これまたものすごい悪臭を放つ。数年前、わが家の菜園のすぐ隣にすてきな家が建って以来、施肥には神経を使うようになった。畝に肥料を投入する時は、隣家の庭の車の有無や風向きを確かめてから

「やるぞ！」

と心を決め、耕耘機を畝の端まで持って行き、スタンバイさせる。庭に車がなければ住人は不在で施肥は気楽だが、車があるとなれば畝を走るようにして肥料を撒き、直ちに耕耘機で土に埋めてしまう。こうすれば、さすがの肥料も臭いは出しようがないのである。

腐ると耐えがたい悪臭を放つナタネ油かすだが、時と場合によっては何とも言えぬ心地よい芳香を振りまいてくれることがある。落ち葉堆肥を作るとき、落ち葉の間に油かすを

撒いて発酵を促すのだが、この落ち葉が発酵している最中に堆肥の山を崩すと、あたり一面それは良い香りに包まれる。落ち葉についていた酵母菌が堆肥のなかで増殖し、積みっぱなしのため酸欠状態になってきた堆肥のなかで、わずかな糖を材料にしてアルコールと香りの成分をつくりはじめたのだろうか。

「だとすると、切り返ししないのも結構悪くはないな」

などと、本筋を見失ったりしてしまう。この甘い香りは、正に「畑の香水」というにふさわしいのだけれど、ナタネ油かすの入った落ち葉堆肥が「香水」を振りまくことを知っている人は、余りいないようである。

空からの贈り物

また楽しみの週末がやってきた。十年の歳月は畑までの交通手段を自転車から車に替えた。帰路に自転車で上る坂道は、農作業で疲れた身体にはかなりの負担になったのである。川岸に車を止めて畑へ通じる空き地に入ると、先週までは目線の下に広がっていたヒメジヨオンの白い小花のカーペットが、いつの間にやら目線の高さにまで達している。あのさわやかな香りを辺りに放って、目線は一面の白い海である。白い海面のずっと遠くに、いつもなら緑の茶畑の向こうに見える家々が小さく並んでいる。見事な季節の演出だ。

初めて迎えた夏の空き地はカナムグラの海だった。四月頃から畑でも畝と畝間の区別なくかわいいけれど頑丈そうな緑の双葉が、あたかも種をまいたかのように地面を覆った。片っ端から抜いて対抗したのだけれど、空き地ではたくましく育って強靱なツルを這わせて広がる。秋がきてこの空き地はピンクの小花でいっぱいになった。あの剛健なカナムグラからは想像もできないような愛らしさである。秋の深まりとともに木枯らしが吹き、工事現場でもうもうと立ち上る砂埃のように花粉をとばす。花粉をとばすのは淡緑色の雄花でピンクの小花は雌花だそうだ。

空き地の雑草は、その美しさを鑑賞する余裕があったけれど、自分の畑に生えてくる草はすべてが歓迎されない「雑草」だった。数年経って、生える草の量も落ち着くと、どの草もそれぞれに固有の美しさを発揮している愛らしい草たちであることに気がついた。羽状の葉がかわいいカラスノエンドウ、厳しい寒さにもめげず畝を覆い尽くしてしまうナズナ、冬のホウレンソウと競って伸びるホトケノザやヒメオドリコソウ、暑い盛りに畝に立つアカザやシロザ、その根元を覆うように生えるハキダメギクや何種類ものカタバミ、穂をつけるまでは目立たないネコジャラシ（エノコログサ）などなど。あの繁殖力旺盛な「雑草ナンバーワン」のカナムグラやヒルガオさえもが、その蔓の曲線の美しさに見ほれさせてしまう。

毎年、季節とともに畑にやってくる顔なじみの草たちに混じって、ある時ひょっこり現れて、その美しさやかわいらしさで感動させてくれるものもある。栄養生長している間は周囲の雑草と同じ緑色で目立たないのだけれど、ある日突然足元に紫色の房を見つけたときなどはとても幸せな気分になる。少し離れた空き地に群生しているムスカリの種を、鳥が運んでくれたに違いない。ムスカリの種子の黒い粒には、タンポポのような綿毛はない。ひとりで飛んでくることはないはずだ。ときどき空から鳥のふんが降ってきてびっくりすることがある

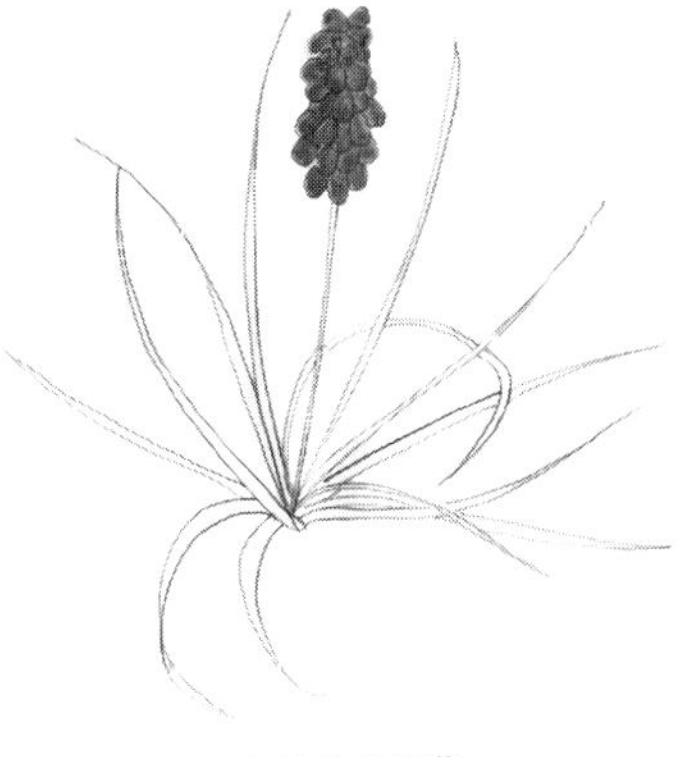

ムスカリの花

けれど、あのふんにはすばらしいプレゼントが入っていたのだ。生命を運ぶのはコウノトリだけの特権ではないらしい。堆肥枠のまわりに実ったホオズキもきっと鳥の贈り物。威勢よく何本も育って、毎年オレンジ色の実を沢山つけてくれるようになった。

季節の移り変わりとともに、入れ替わり立ち替わりやってくる草たちのつける花も、実にさまざまである。花器に生けたり鉢に植えたりして楽しむことを考えると、その時点からどの草たちも、個性豊かな花材に変身する。あのペンペン草だって、子供の頃かんざしを作って遊んだメヒシバ同様、マスフラワーとして使えば、深みのあるアレンジができる。ホオズキや毒をもつムラサキケマンは鉢に植えると鑑賞用に。オオイヌノフグリの小株は、豊かな根を銀紙につつんでワイングラスに入れると、ちりばめられた珠玉のようにブルーの小花が美しい。

テーブルの上で見るオオイヌノフグリは、小さな花弁をきちんと畳んで夜を迎え、窓辺から射す陽光を浴びて花弁をひらく。開いたまま白いお皿の上にこぼれた小花も、いつの間にか花弁をたたんで、淡い紫色のつぼみのようになって終焉《しゅうえん》を迎える。花の終わった葉先には、イヌノフグリの名のとおり、ぷっくり膨れた袋が二つ。中にはきっと種がある。

イヌノフグリが膨らんで、がく片に紅が差すと、ふぐりの頭がぱかっと割れて、つぐらで眠る赤子のような形の種子がぱらぱらとこぼれ落ちる。

見る楽しみよりも食べる喜びを取りたいのなら、「雑草」だって食べられる。野菜だってかつては「雑草」だった時代があったのだから。冬場の畝を覆い隠すナズナは、ぺんぺん草の子供時代。「春の七草」に数えられてもいるように立派な食材である。湯がいておしたしにすると癖がなくておいしくいただける。なるべくニンジンなどの葉陰に育った柔らかそうな株を選ぶのがコツである。ヨモギは湯がいてフリーズしておくと、ヨモギ餅を作るときに重宝するそうだ。戦時中の食糧難で、スベリヒユを食べたという話を聞いたことがあるけれど、あの艶やかできれいなグランドカバーが食卓に上るということは、平和な時代に生きる私にはとても想像できない。

今や時代は「個」の時代。人間社会でも「個」が主張される時代である。銀行でも会社でも、電話をすると受け手が自分の名前を名乗るようになった。スーパーの野菜売場でも、生産者の名前を明示した野菜が増えた。「雑草」だって「個」をみてやらなくては。「個」の時代がやってきたのは、「心のゆとり」尊重の時代の到来だろうか。心にゆとりのあるときは、草たちはとても愛らしい。とはいえ、野菜の世話に追われると、かわいい花たちもまた「雑草」に戻ってしまう。

第四章　安全でおいしくて栄養価の高い野菜をつくりたい

ヤマイモとトマトの畝

有機栽培のホウレンソウ

果物のように甘いホウレンソウ

一月のある寒い日の昼下がりに有機栽培農家を訪れた。テレビでも紹介されたことのあるホウレンソウの栽培で有名な農家である。ちょうど、前日の夕方収穫したというホウレンソウの出荷作業の最中だった。目の前の収穫カゴいっぱいのホウレンソウは、長さが四十〜五十センチもあり、葉先が枯れていて、どうひいき目に見てもおいしそうには見えない。「緑の濃い葉こそ美味」という先入観を以てすれば、

「このホウレンソウ、一体どこを食べるのかしら」

果物のように甘いホウレンソウ

そんな心中を見抜かれたのか、農家のご主人は、茎をぽきんと折って、

「これ、食べてごらんなさい」

差し出されたホウレンソウを口に含んで驚いた。まるで果物のように甘いのだ。目の前で糖度を測ると十七度あるという。信じられないのだけれど、現実である。糖度がこんなに高いので、ビタミンCも多いはず。

「この色の葉が一番おいしいんですよ」

ほんの少し黄味がかった緑色の葉をちぎって、ベテランのプロはおっしゃる。口に含んで確かめて、早速、頭の中のものさしを、「濃い緑」から「ちょっと黄味がかった緑」に切り替えた。

この農家は、毎年九月二十日頃に種をまく。品種は「豊葉」。種にトゲのある昔からある品種である。出荷は寒さが厳しくなる十二月から三月いっぱい。なんと六か月以上も畑を占領することになる。肥料は普通より少なめだ。油かすより米ぬかの方がおいしく育つという。含まれている炭素の量はほとんど同じ。しかし窒素の量が半分なので米ぬかは分解して野菜が吸収できるよう窒素が無機化するのに時間がかかる。炭素が豊富なら窒素が多

いほうが分解が速いからだ。きっと「ゆっくり分解、ゆっくり吸収」がおいしいホウレンソウにするのだろう。
新聞紙にくるんで、おみやげに頂いたホウレンソウをとりあえず台所の床の上に置いた。数時間後
「あの感激をもう一度」
と、ぽきんと折ったホウレンソウの茎を口にした。何本か試してみたけれど、あの果物のように甘かったホウレンソウは、すでに普通のホウレンソウに変身していた。暖かい室内に放置されて呼吸量が増え、糖を大量に呼吸に使ってしまったにちがいない。収穫してから食べるまでの時間や保存の方法は、調理する前にせっかくのホウレンソウの品質を台無しにしてしまう。このホウレンソウ、果物のような甘みは消えたけれど、それでも翌日、収穫してから二日後の糖度を測った人の話では、市販のホウレンソウの倍以

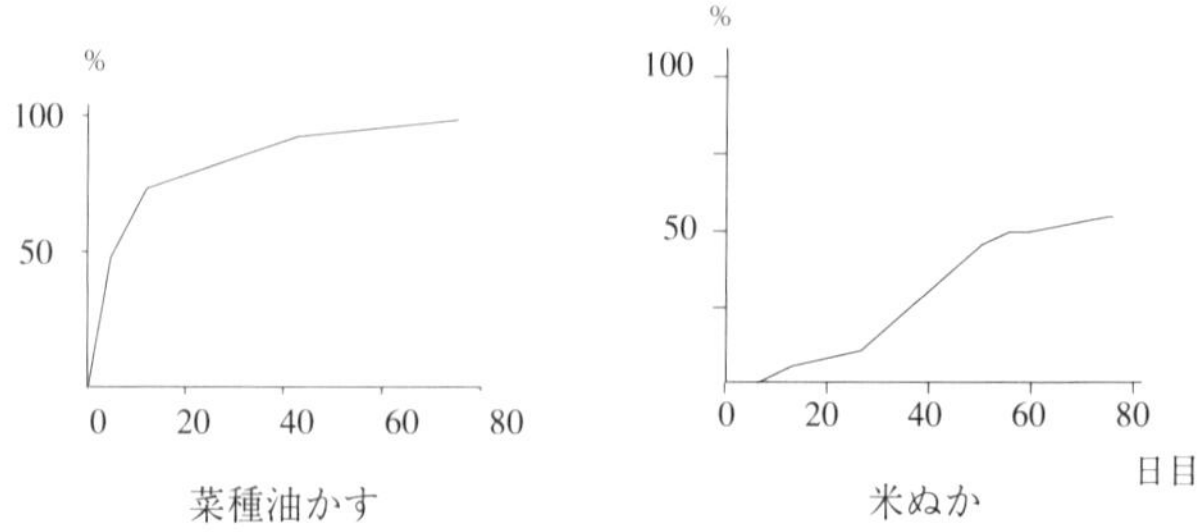

窒素の無機化

上はあったという。糖分の多い野菜は味が良いだけでなく、日持ちもよいと言われている。

こんなホウレンソウを今度は自分で栽培した。品種は「パレード」。有機栽培の畑では比較的作りやすいと言われている品種である。真夏の日照りに耐えて、とっても甘いおひたしを味わわせてくれて以来、すっかり虜《とりこ》になってしまった品種でもある。夏場は丈は高くはならないけれど、その分、株分かれして太くなり、葉数が増えて五十枚にもなる。秋に播種したホウレンソウも、年が明け連日の零下の気温に耐え抜いて、果実のように甘かった。真夏は土が乾燥し、わずかになった水に養分が溶けて土壌水は濃くなっている。ホウレンソウは水が吸いたくて、浸透圧を上げるため体液を濃くしようとして糖をつくる。冬は細胞がそのままで凍死しないよう、水分を細胞の外に出して細胞外凍結する。糖は細胞の氷点を三、四度低くしてもくれるけれど、それ以上にありがたいことは、凍結乾燥することで起こる傷害から細胞を保護してくれるのだという。そのため冬場のホウレンソウはせっせと糖をつくる。夏も冬もサバイバル作戦の結果の甘味である。こんなホウレンソウは規格サイズのホウレンソウのように見た目はきれいではないけれど、食卓に並べたとき、「つくり甲斐」もいっしょにいただける。

糖度の計り方

野菜の糖度は糖度計（手持屈折計）を使って、光のあるところならどこでも簡単に計ることができます。しょ糖（砂糖）の入った溶液の濃度を、光の屈折率を利用して測定し、Bx。（ブリックス度）で表します。スーパーなどの果物売場では単に「度」だけで表示しているところもあるようです。器械は片手に乗るくらい小さなもので、次の手順で測定します。

1．まず糖度計の入射光窓を光の方向に向けてのぞき、接眼部を回して焦点を合わせます。

2．蒸留水を数滴、プリズム上に落とし、明暗の境界が目盛りの0％に一致していることを確かめます。

3．計りたい液汁をプリズム上に乗せ、目盛りを読みます。目盛りは20℃を基準に設定されていますので、糖度計の温度が20℃以外のときは、添付の補正表を利用します。ホウレンソウを畑で計るときは、水分の多い茎をプリズムに乗せ、蓋をすると汁が出ますからそれを計ります。この場合、糖の含量は葉より茎の方が多いので、全体の糖含量とみなすことはできません。また、野菜や果物の液汁にはしょ糖以外のものも含まれているため、糖度計の値は化学分析値の数％～10％くらい高い値になるといわれています。

糖度計

二十年ぶりのホウレンソウ鍋

二十数年前のある冬の日のこと、明け方、夫が七転八倒の痛みを訴えて目が覚めた。常日頃から我慢づよかった夫の急変振りに気も動転し、まだ幼かった子供たちと家族そろって救急車で病院へ向かった。病室のベッドに寝かされてからも腹部の激痛は治まらず、配膳の時間がきても、とても食事どころではない。昼頃、痛みをこらえてトイレに立ったが、病室のドアを開けて戻ってきた夫は、出て行ったときの夫とは別人のよう。すっかり元気を取り戻していたのである。聞くと、排尿時にコロンと音がして小石のようなものが出てきたという。当時、頻繁に耳にした尿管結石である。夫の友人は、銀座でデートの最中に、激痛におそわれ、やはり救急車で病院に運ばれたそうだ。

夫の冬の好物はホウレンソウ鍋。義妹が貧血気味だったこともあって、鉄分の多いホウレンソウを摂るために、姑が工夫した十八番料理である。豚肉とホウレンソウを中心に二、四種類の野菜と豆腐を入れ、味の素と塩で味を整えるというきわめて簡単な鍋だけれど、寒い冬の晩には、豚肉のだしと塩味にホウレンソウのうまみが加わって、これがまた実においしいのである。わが家の十八番にもなった。しかし、この日以来、ホウレンソウ鍋はわが家の食卓から姿を消した。

ホウレンソウは、ビタミンCはもちろん、ビタミンA、B、E、カリウム、鉄分それに有害物質をも吸着して体外に排出してくれるという食物繊維などが豊富だ。しかし、栽培方法によっては、こわい硝酸やシュウ酸も多くなるのが特徴である。シュウ酸は人の体内でカルシウムと結合し、カルシウムの吸収を妨げるだけでなく、シュウ酸カルシウムとなって石を作る。尿の中でできた石が排出される時、細い尿管を通るので激痛におそわれるのだという。

あれから四半世紀経ったこの冬、あのホウレンソウ鍋が食卓によみがえった。えぐ味のないホウレンソウが採れたからである。ホウレンソウのえぐ味はシュウ酸に由来するものだと言われているので、えぐ味がなければシュウ酸が少ないはずで、鍋物にして汁ごといただいても安心だからである。真冬に畑の土が凍るようになると、ホウレンソウは寒さに耐えることが精一杯で、ほとんど生育を止める。寒気のなかでホウレンソウは水分を少なくするが、このときシュウ酸も水といっしょに体外に排出されるのではないかと言われている。

とはいえ、シュウ酸は冬の寒さに当てるだけでは必ずしも減るとは限らない。シュウ酸の少ないホウレンソウをつくるには、ホウレンソウがシュウ酸なしでも生きられる方法を考えてやらなくては。人にとっては悪者よばわりのシュウ酸だけれど、ホウレンソウにとっては根から吸い上げた硝酸をアンモニアに還元するときに、アルカリに偏りがちな体液を中和するのに必要なもの。リンゴ酸などの有機酸で間に合わせればよいのに、他の野菜がつくらないシュウ酸をホウレンソウはせっせと作る。えぐ味は虫を寄せつけないための武器でもあるにちがいない。

ホウレンソウのシュウ酸は、調理の際に塩を入れずに湯がくと、三十〜六十パーセントはアクとして熱湯に溶けて出てしまうという。この二十年というもの、ホウレンソウは必ず湯がいてから調理していたけれど、シュウ酸の少ないホウレンソウがとれるのなら、スープにして汁ごといただくこともできるし、フレッシュサラダとして生のままでもいただける。レパートリーが増えそうだ。

とはいえ、悪者呼ばわりのシュウ酸もホウレンソウの旨みを作っている一要素。適度に入っていた方がおいしいことも事実である。

こわい硝酸

ホットドッグを食べて起こる頭痛を、「ホットドッグ頭痛」といい、医学書にも載っているというが、本当だろうか。発色剤としてソーセージに添加されている亜硝酸塩が原因の中毒だという。きっとソーセージ工場での品質管理が今のように行き届いていなかった時代の、それも外国の話だろうとは思うけれど、こんなに身近に硝酸中毒の危険性が潜んでいたとしたら恐ろしいことだ。

数十年前、欧米で「ブルーベビー」が社会問題になったという。これも井戸水やホウレンソウに含まれる硝酸が原因だったと聞く。生後間もない乳児が、硝酸の多い水やホウレンソウで作ったベビーフードを食べて、唇や皮膚が青紫色になるチアノーゼになったのである。乳児は大人と違い。胃酸の分泌がまだ少なく、胃の中で硝酸が亜硝酸に還元されやすい。亜硝酸が血液中のヘモグロビンを酸化させてしまい、酸素の運搬ができなくなり、メトヘモグロビン血症になったためである。ホウレンソウはもっともポピュラーな野菜の一つ。安心して食べられるものをつくらなければ。

標準規格サイズのホウレンソウは育ち盛りの真っ最中。土の中の硝酸を心ゆくまで吸いたがる。欧州連合（ＥＵ）は、一九九七年の二月以来、冬どりホウレンソウに含まれる硝酸を過渡的に三千ｐｐｍに制限し、一九九九年からは夏どりと同じ二千五百ｐｐｍまで下げた。亜硝酸が魚介類などに普通に含まれている第二級アミンと反応してニトロソアミンという発ガン物質をつくり出すことを懸念してのことである。大人の場合、胃液の酸度が高いので、乳児のように胃の中で硝酸が還元されることはないけれど、口内細菌などによっても還元されるという。それに、食品に含まれる硝酸は、冷蔵せずに常温で放置されると、亜硝酸に還元されやすい。収穫時に五ｐｐｍしかなかったホウレンソウに含まれる亜硝酸が、きざんで二十五度の室内に放置したところ一日で約千五百ｐｐｍに増加したという実験結果もある。含まれている硝

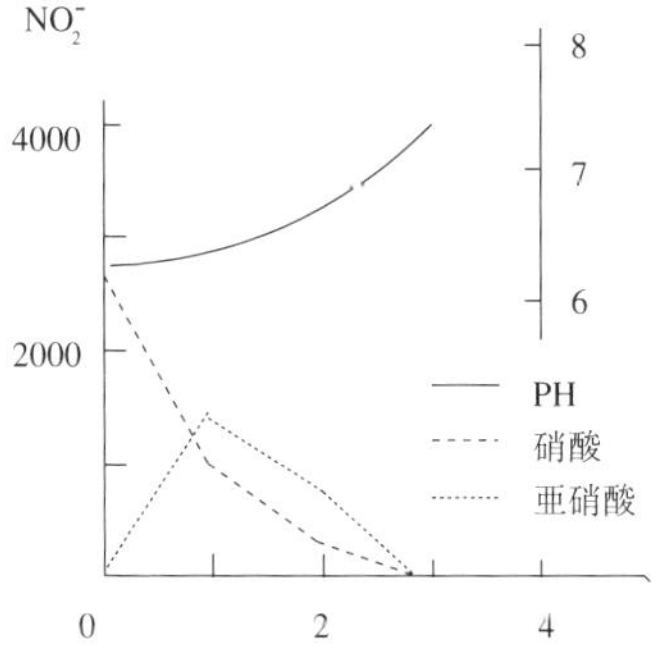

きざみホウレンソウの亜硝酸の室温での消長

（E.G.Heisler 氏ら，1974）

酸の量が多いほど危険性も高いはずである。しかし、冷蔵庫に入れておけばわずかに増えるだけで済むし、きざまないで丸ごと冷蔵庫で保存すれば一週間くらいなら亜硝酸の増加はない。ここに示したグラフは三十年ちかくも前のものだけれど、欧米でメトヘモグロビン血症が社会問題になったとき、盛んに行われた硝酸、亜硝酸に関する研究の一部である。

日本国内でも一九九一年の学会誌にすでに夏どりホウレンソウの硝酸含量指標値が発表されている。当面は三千ｐｐｍとしているけれど、硝酸が二千五百ｐｐｍ以上になるほど肥料を増やしても、収穫高を上げるメリットはないという。国内でも研究は盛んだが、硝酸含量の法的規制はまだない。

ＥＵは、レタスについても収穫期に応じた上限値を設定しているが、硝酸について、ホウレンソウやレタスがクローズアップされるのは、消費量が他の野菜に比べて圧倒的に多いからだろうか。東京の中央卸売り市場での取扱高を見ると、確かにホウレンソウは葉ものの中では一番多い。

規格サイズのホウレンソウは硝酸含有量が多いけれど、湯がくと七十～八十パーセントが湯のなかに溶けだしてしまうという。バター炒めやグラタンにするときでも、湯がいてから使えば安心だ。湯がくことでビタミンCもBも減るけれど、カロチンもビタミンEも食物繊維も増える。カリウムは少なくなるけれど、ホウレンソウの主なアクの元の一つなので、減ることで味がよくなるというメリットもある。

とてもおいしそうには見えなかったけれど、実はとってもおいしいホウレンソウを作っていらっしゃる農家のご主人は、日本で初めてサラダホウレンソウを作った方だという。サラダホウレンソウというのは、身体に悪い硝酸やシュウ酸が少なくて生で食べられるホウレンソウのことである。あの果物のように甘い露地栽培のホウレンソウの硝酸を測定したところ、ゆうにEU基準以下だったと聞く。普通、ホウレンソウは濃い緑色で市場に出荷するため、収穫時点でも土壌のなかに硝酸態窒素が適量含まれている必要がある。そのため体内に硝酸が多量に残ることになるのだが、このホウレンソウの場合は、長期間の栽培で、もともと少な目に施した肥料が枯渇してしまっている。葉が「ちょっと黄味がかった緑色」になるのはそのためで、畑で枯れる寸前が「ホウレンソウは一番おいしくて安全」ということだ。食品からとる硝酸は、野菜からがもっとも多い。肥料を減らして、できるだけ硝酸の少ない野菜を作り、摂ることを考えなくては。

有機野菜はなぜおいしいの？

ダイエットした野菜は味がいい

野菜を作りはじめてから数年間は、毎年十二月になると、お隣の畑の豪華な雰囲気に圧倒され通しだった。化学肥料で育ったホウレンソウは大きく伸びて濃い緑で畝をおおい、ネギもこまめに土寄せされて逞しい。何条も作ってあるダイコンは、白くて太い根が地上ににょっきり持ち上がり、豊かに育った葉がその上をおおう。そして何よりも目を見張るのはハクサイだ。一株が一抱えもあるほどのハクサイは、お尻が大きく張り出して、実に見事としか言いようがない。スーパーでも見たことのないような立派なものだ。

「こんな立派なハクサイが作れたらなあ」

コマツナやホウレンソウがやっと育つようになってからも、うちのハクサイはまだ貧弱だった。ハクサイは初期生長が大事だという。早速、液肥を苗に施す。液肥といってもわが家風は、一握りのナタネ油かすを水を満たしたペールに入れて放っておいただけのもの。油かすが水の中で分解して、野菜がすぐに吸収できるイオンになっているはずだ。その液肥を三回ほどこした。

この年のハクサイは見事だった。スーパーの野菜売場に並んだハクサイよりずっと立派に見えたのは、手前味噌というものだろうか。有機栽培だって、野菜がほしがるその時に、必要なだけの肥料をほどこせば、見映えのよい野菜ができるのだ。早速、漬け物づくりを趣味にする食通の知人に連絡して、漬けてもらうことにした。彼のハクサイ漬けは、地方まで材料を仕入れに行くほどの懲りようで、味にはすこぶる敏感だ。その彼が、うちのハクサイはおいしいと言ってくれる。持参の包丁で外葉を大胆に切り落としながら

「この前のハクサイは最高の味だった」

とのたまう。内心、

畑のネギ

「あのハクサイは、まだとても貧弱だったはずなのに」

また一つ賢くなった気分で、この教訓をレタスに活かした。四月にとれるうちのレタスはおいしいので評判がよい。

「よし、これも立派にしてやろう」

まだ霜よけにトンネルをかぶせてある三月の下旬から、ハクサイにならって、せっせと液肥を施した。レタスはぐんぐん大きくなる。いつもの年より一回りも二回りもふくらんだ。早速、収穫して台所へ。同じ品種なのに葉に厚みがあって、去年までのものとは見た目が大分ちがう。期待に胸ふくらませてサラダにしていただいて、がっかりした。水っぽくておいしくないのである。いつものレタスの微妙な味がない。一体どうしたことなのか。

野菜は本来くいしんぼ。肥料を与えられれば、どんどん吸収して太ってしまう。水があれば、これまた心ゆくまで吸ってしまう。うちの液肥は水に溶けた硝酸イオン。レタスは喜んで吸収して太ったのだ。けれど、自分の消化能力を超えて硝酸を吸ったので、水といっしょに未消化の硝酸がたっぷり体内に残されて、水っぽくておいしくなくなったという訳だ。山椒は小粒でもピリリと辛い。有機栽培の野菜も、無理に大きくしなくても、小振りでおいしい方がいい。

堆肥のような有機質肥料に含まれる窒素は、土の中の細菌やカビに分解されてやっと野菜が吸収できる形になる。野菜は分解速度にあわせてゆっくり吸収するので、過食はしないし、消化もスムーズだ。無駄なエネルギーを使わないですむため、光合成した糖を余分に分解しないですむ。

また、畑にほどこす窒素の量が少ない方が、できたホウレンソウの硝酸が少なく、糖含量は多い。土が養分に富むようになった畑で肥料もやらずにホウレンソウを作ると、肥料を与えたときほど大きくは育たないけれど、甘みが濃くなる。塩素が含まれている土壌では、塩素が硝酸の吸収を妨げるので、作物の硝酸含量が少なくなるともいわれている。ケヤキの落ち葉は比較的塩素含量が多く、その分、たき火をするとダイオキシンの発生量も多いそうだが、野菜の育つ土のなかでは善玉のはずだ。一般に、糖分が多いとビタミンCも多く硝酸が少ないという関係にあることが知られている。適度な肥料をほどこして作られた有機野菜のおいしい理由の一つがここにある。

豆トラがやってきた

わが家の菜園に豆トラがやってきた。手押しの耕耘機である。耕耘機の話を持ち出したとき、「自然派」の夫はクールだった。

「堆肥を土に均一に混ぜるためには耕耘機が必要なのよ」

毎日のように熱風を浴びせられて、いよいよ夫も重い腰を上げた。やる気にさえなれば、ことは速い。豆トラ専門店を探して出向き、機種を調べ、それまで使っていた小さなテントの物置小屋に豆トラを収納するため、スチール製の物置も用意した。やってきた豆トラに夫は内心喜々としている。通路に生えた雑草も、軽く歩かせるだけで根こそぎにできるからだ。

ウィークエンド・ファーマーの労働時間は一日二時間がもっとも快適。ときに四時間になることもあるけれど、そんなときは翌週まで疲労が持ち越される。二時間では効率のよい三本刃の「アヒル備中」鍬を使っても、一本の畝に堆肥を運んで耕すだけで終わってしまう。七、八年はいつも作業に追われる気分でいた。そこへやってきた豆トラは、そんな気分を一掃した。豆トラで畝をゆっくり往復しても身体は楽だし時間もかからない。これぞ文明の利器である。

文明の恩恵を浴びながら半年ほど経って気がついた。野菜の味が微妙にちがう。

「前の方がおいしかったね」

と、どちらからともなく言いだすようになった。二人とも、なんとなく堆肥の入れ方に原因があるような気になっている。堆肥の入れ方が夫と耕耘機ではちがうのだ。耕耘機は堆肥を土と攪拌して満遍なく混ぜてくれる。だから分解が速く、土の中に未分解の落ち葉らしき姿をみかけることはぐんと減った。夫は堆肥をまとめて埋め込むように耕耘する。ときどき私が堆肥をばらすようにして耕すと、

「そうじゃない。こうやって埋め込むようにするんだよ」

と自分のやり方を押しつける。夫は堆肥の投入を、時間がなくてできない「堆肥の切り返し」とでも思っているのだろうか。堆肥がかたまっているので、分解には時間がかかる。いつ見ても土の中に

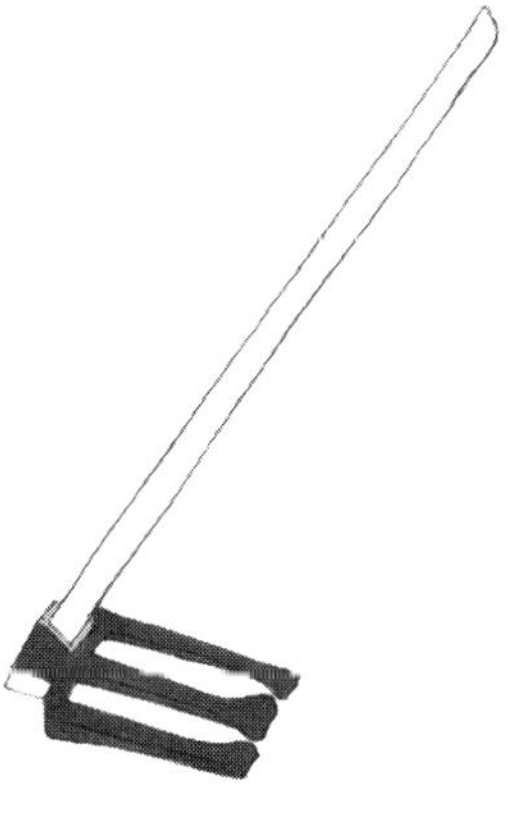

あひる備中鍬

は落ち葉の形をとどめた堆肥が残っている。

「堆肥がかたまっていることで、土に触れない部分の養分が、なにか野菜の味に影響していたのだろうか」

それからしばらくして、おいしくて安全な野菜をつくるため、窒素を硝酸だけでなくアンモニアもいっしょに吸収させる研究が盛んに行われていることを知った。アンモニアは、人間の身体には有毒で、野菜とてとりすぎればアンモニア中毒にかかってしまう。しかし、野菜が吸収した硝酸は、いったんアンモニアに還元されてからタンパク質に代謝されるのだから、最初から適量をアンモニアで吸収させることだってできるはずだ。そうすれば、硝酸がアンモニアに還元されるときに起こる不都合が起こらなくて済む。

硝酸がアンモニアに還元されるときに使う水素は、光合成した糖を分解して得るという。還元するためのエネルギーも糖を分解して得る。さらに還元時にイオンのバランスをとるため、ホウレンソウはシュウ酸をつくる。窒素を硝酸とアンモニアの両方で吸収すれば、還元しなければならない硝酸の量が少なくてすむ。仕事がずっと楽になり、無駄なエネルギーを消耗しなくてよくなるのだ。これでホウレンソウの糖は、余分に減らずにすみ、人間の身体に悪さをするシュウ酸を大量に作ってしまうこともなくなる。

「豆トラがくる前は、うちの野菜はきっとアンモニアも吸っていたのだ」

目から鱗が落ちる思いがした。うちの完熟になってしまった堆肥を調べてみたら、アンモニア態窒素は硝酸態窒素の九十パーセントも含まれていた。土の中には有機態窒素がアンモニアになると、すぐに亜硝酸さらに硝酸に変えてしまう硝化細菌が沢山いるという。堆肥がかたまっていて土に触れていなければ、アンモニアでいる時間が長いのだ。堆肥のかたまりの中に根を張った野菜は、アンモニアも吸収したので、硝酸ばかりを吸った野菜よりおいしかったにちがいない。種をまく部分だけに溝を掘り肥料をほどこす条施という方法があるけれど、堆肥も条施して堆肥のかたまりを埋め込めばアクの少ない甘いホウレンソウが採れるはずだ。ぜひ試してみたい。

畑の土は孔だらけ

二〇〇〇年六月に改正ＪＡＳ法が施行されたが、二〇〇一年四月にはこれが完全実施される。この法律で定められた有機農産物のＪＡＳ規格によれば、有機農産物とは「化学的に合成された肥料および農薬の使用を避けることを基本として、播種または植え付け前二年以上（多年生作物にあっては、最初の収穫前三年以上）の間、堆肥等による土づくりを行ったほ場において生産された農産物」である。「ほ場」とは畑のことだ。この規格にかなった農産物をつくる農家の生産行程をきびしい規定にしたがって検査して畑と生産者を認証し、この農家が出荷する有機農産物にのみ「有機ＪＡＳマーク」をつけることができる。つまり、商品としての有機野菜とはこのマークのついた野菜ということになる。

慣行農家の畑をお借りしてホウレンソウをつくったことがあった。肥料をまったく投入しなくても、化学肥料を農家が通常つかう量だけ入れても、化学肥料の四倍分の窒素が含まれている堆肥をつかっても、どのホウレンソウの生育状況もほとんど同じだった。この農家では肥料を通常より控えめに使っているというのだけれど、化学肥料が大量に残留していたため、後から投入した肥料分はさほど役には立たなかったということである。窒素が多いと野菜は軟弱になり、病気や害虫に弱くなる。そのため農薬の使用量も増える。二年も有機栽培をつづければ、野菜や微生物が土を掃除してくれて、畑に残留する化学肥料や化学合成農薬の影響もなくなるだろう。野菜づくりの現場にいると容易に予想できることである。

有機栽培の畑の土を五十センチの深さで天地返しして野菜を栽培してみたところ、二年経った頃までは施した肥料の量に関係なく、肥料の多いところも少ないところも雑草が生い茂ったが、三年目には草丈も草の量も肥料の量に比例するようになった。有機栽培で野菜をつくって二年も経つと、土のなかに元からあった養分が一掃されて、雑草も施した肥料にしか頼れなくなったということだろう。

化学肥料をほどこした区画や肥料を入れない区画の土は黒っぽくみえるけれど、落ち葉堆肥を鋤き込んだ区画は茶色に見える。畝の高さも堆肥を入れると高くなる。堆肥と土の間に空気が入っているからだ。鍬を落とすと、土がかるくサクッと入る。堆肥を入れない土や化学肥料を使った土は、キユッと締まっていて重い。ここでホウレン

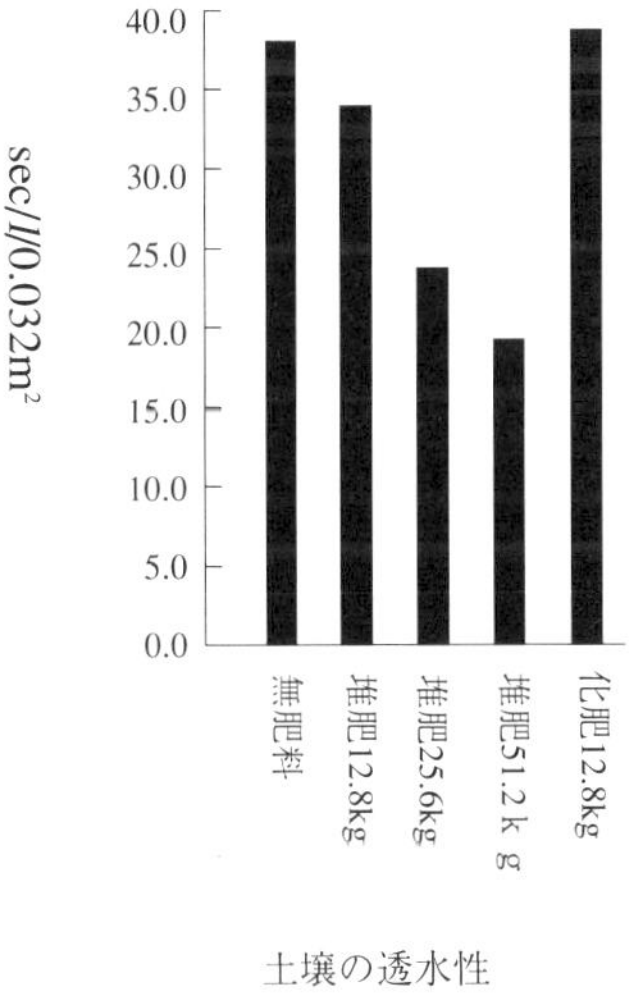

土壌の透水性

ソウとニンジンを栽培して一年たつと、土の色は同じように黒っぽくなり畝の高さも差が目立たなくなる。しかし、土のなかの空気を調べてみると堆肥を多く入れた区画ほど空気の量も多い。ここに直径二十センチほどの塩ビの管を耕土の下まで埋め込んで、一リットルの水が土中に浸み込む時間を計ってみた。施す堆肥の量が多い土ほど水は速く浸み込み、化学肥料だけを使っている土が一番遅かった。

畑の隅に残さや雑草を積んでおくと、いつの間にか土に変わっている。その土をよく見ると土の粒子が集まってできた団粒が、サイズ不揃いでゴロゴロしている。団粒がない土は雨後は水はけが悪く、日照りがつづけば水分不足になる。有機物は餌となって生き物を呼び、その生き物が出す分泌物が、土の粒子をつなぐ。有機物をたっぷり入れて二年も経てば、ミミズなどの小動物や微生物が増え、土の粒子をつなげてくれて畑の土を団粒構造にしてくれる。団粒ができれば水はけがよく旱害にも強い。一見、矛盾していることのようだけれど、雨水を地下に流し込む大きめの孔隙が多くなるとともに、地下水を汲み上げる千分の一ミリほどの目には見えない細い孔隙も豊富になるからだ。そのため、有機栽培の畑の土の水分はいつも一定で、野菜がちょっと努力しないと吸収できない程度の量に保たれているという。飲みたいときに自由に飲めるほど水を蓄えてはいないのである。

土壌の水が少ないと、その水に溶けている養分のイオン濃度が上がる。野菜は体液を土壌水分以上に濃くして浸透圧を上げて水を吸う努力をする。体内のデンプンを分解して水に溶ける糖をつくり、ちょっと甘味のあるプロリンを沢山溜めることになる。甘いメロンを作るために、農家は土壌の水分を抑えめに管理する。ホウレンソウなどの葉菜類の収穫も、雨降りの翌日は避けた方がよい。団粒の多い土で栽培することが、有機野菜がおいしい理由の一つだ。

寒さがつくるおいしいホウレンソウ

スーパーへ行くと一年中いつでも買うことのできる野菜の一つにホウレンソウがある。夏場は比較的品薄だが、それでも品質が落ちないように工夫された透明のポリ袋におとなしく収まって、ふだんより高値で並んでいる。慣行農家には「ホウレンソウの生育期間一覧」という表が用意してあって、そこには何と一月一日から十二月三十一日までの播種日が三百六十五日並んでいて、それぞれに標準収穫日と生育日数が記してある。その年の気象条件によって多少のズレはあるものの、ちなみに一月一日に種をまくと、七十日後の三月十二日に二十数センチのホウレンソウが収穫できるという。慣行栽培なので、もちろんポリマルチを使ったトンネル栽培である。

自然条件を上手に利用して野菜を栽培する有機栽培農家では、ホウレンソウは秋まきだけ。「旬」をとても大事にするのである。耐寒性のあるホウレンソウは冬野菜の代表で、寒さにはつよいが気温が二十五度以上だと病害虫におかされやすい。そこでこの所沢近辺では九月下旬に種をまく。慣行栽培では、ポリマルチで覆った畝に九月二十日に播種すると、この時期はトンネルなしで栽培して三十六日後の十月二十六日には収穫できる。しかも、短期間に収穫して出荷してしまう。しかし、有機農家のホウレンソウは、寒さが本格的になるまでは伸び放題である。十二月になってやっと収穫を始めるので、草丈は三十センチ以上に育ち、葉は肉厚でごわごわした感触だ。収穫は三月までつづけられるが、この辺では一月中旬以降の最低気温の後くらいが一番おいしいと言われている。年を越して気温が連日零下にさがる日がつづくと、土壌が凍り、養分の供給はほとんどなくなる。ホウレンソウは生育を止めて、ひたすら細胞が凍らないよう水分を細胞の外に出し細胞外凍結する。

凍結乾燥による細胞内のタンパク質の変性を防ぐために、ホウレンソウは糖をつくることに専念するのである。

長期間の栽培で土壌の養分が枯渇し、さらに土壌が凍って有機物の分解による供給もできなくなると、ホウレンソウは硝酸が吸えなくなる。体内の硝酸が代謝されてしまっても、硝酸が吸収されないので、葉色が黄ばみはじめてくる。「ちょっと黄緑がかったホウレンソウ」とか「ホウレンソウは枯れる寸前が一番おいしい」とベテランのプロがおっしゃるのは、こんなホウレンソウのことで、おいしいだけでなく、硝酸が少なく安全でもある。

ホウレンソウだけでなく、冬につよいコマツナも、寒さがおいしくしてくれる葉菜だ。コマツナは東京のお正月のお雑煮には欠かすことのできない野菜だけれど、クラゲといっしょにゴマ和えすると、飽きのこない一品になる。冬の寒さを借りることが、冬が旬の有機野菜をおいしくするのである。

化学肥料でもおいしいホウレンソウがつくれます

おいしい有機野菜ができる要因を、有機栽培と同じように作ってしまえば、化学肥料を使ってもおいしい野菜ができるはずである。この四つのうち、もっとも簡単な方法は四番目の寒さを利用することだ。九月下旬から十月上旬のあいだにホウレンソウの種をまき、トンネルをかけないでそのまま厳寒期まで育てると、肥料の種類にかかわらずホウレンソウは甘みが増しておいしくなる。ホウレンソウが細胞の凍結乾燥によっておこる傷害を防ぐため糖をつくるのは、ホウレンソウ自身の問題で、土壌や肥料の種類とは関係ないのである。トンネル栽培でも、ホウレンソウが成熟してから一か月間、冬の寒気にあてると、ビタミンCもβ-カロチンも増加することが実験で明らかにされている。

「三か月以上も畑に置くなんて、とんでもない」

という御仁には緩効性の被覆肥料をおすすめする。化学肥料の粒を樹脂膜でおおった被覆肥料は、土の中で水分を吸収すると膜に穴があき、その穴から肥料が少しずつ出ていくというもの。これで有機栽培と同じ「ゆっくり吸収、ゆっくり代謝」ができるというわけだ。おまけに種をまく下に溝を掘り、リン酸アンモニウムの被覆肥料をまとめて施せば、土に触れない部分の肥料はアンモニアでいられる時間が長い。ホウレンソウは硝酸だけでなく、アンモニアも吸うことができる。標準規格サイズでホウレンソウを収穫したければ、この方法が一番だ。普通の化学肥料を使うよりはシュウ酸が少なくて安全なうえ、硝酸も少なく、品種にもよるけれど糖も多くなる、という実験結果が知られている。

化学肥料を使う場合でも、その都度、腐葉土や堆肥のような有機物を三センチ厚さくらい肥料といっしょに施せば、水はけもよくなるし、土が硬くならずに済む。この場合、種をまくのに一週間くらい待つ必要がある。育ったホウレンソウは、なるべく天気のつづいた日に収穫すると、おいしいままでいただける。蛇足ながら、調理する直前に収穫すれば、最高の条件でいただける。

有機野菜ってどんな野菜？

有機野菜の味

「うちの大学では化学肥料で栽培した野菜と有機質肥料で栽培した野菜の食味テストを毎

年行っています。学生対象に十年間つづけてきましたが、結果はいつも有機栽培の野菜の方がまずいというものです」

一九九六年十一月に開催された「植物保護・環境シンポジウム」の討議の際の、ある大学の先生の発言である。「有機野菜はおいしい」は常識と思い込んでいた私には信じがたい内容であり、大きなショックだった。「ある大学の学生たちの多くは、有機野菜をまずいと感じている」ことが事実なのだから。パニック状態の頭に、ときどきうちの野菜を届ける友人と交わした会話が脳裏に浮かんだ。

「コマツナは、かならず一度湯がいてから料理するんですよ」

「それじゃ、コマツナの風味が消えてしまいますでしょう」

「そうしないと、子供が嫌がるんです」

食味テストに使った野菜の種類は分からないけれど、学生たちがまずいと感じた理由は、きっと、この友人の息子さんと同様、その野菜特有の香りが原因ではないかと思う。

オレンジジュース、グレープフルーツジュース、アップルジュースを目隠しをしたうえ鼻をつまんで当てさせると、意外にまちがえる人が多いということを何かの本で読んだことがある。これらのジュースは味が違っているというよりは香りが違っているのだという。食べ物の味の好き嫌いには、実は味そのものよりも香りが大きく影響しているということなのだろう。

昔の野菜を食べて育った同世代の友人や知人は、有機野菜に接すると、

「懐かしいわ。野菜の匂いがする」

といって喜ぶのだが、特有の香りは、好みでない人には「くせがある」ものになる。幼い頃から香りのうすい慣行栽培の野菜に慣れた鼻や舌には、有機野菜の香りは予期に反するものにちがいない。しかし、ときどき有機野菜を口にしているうちに、こちらの方がおいしいと感じるようになるかも知れない。いつも飲んでいる紅茶のブランドを変えたとき、前のブランドの味に慣れた舌には、変えた当初はおいしく感じなかったけれど、数日後には以前のものよりもおいしいと思うようになったことがある。味覚のものさしが、新しい味覚に出会って自然に調整されるのには少し時間がかかるのかもしれない。それに、若い頃を振り返ってみると、食物の嗜好は歳とともに変わってきたようにも思う。その野菜特有の味や香りのよさは、きっと「違いの分かる」年齢に達すると、おのずから楽しめるよ

うになるのではないだろうか。

うちの野菜とスーパーの野菜

週末に出かけるスーパーでの楽しみの一つに、野菜売場に陳列された色とりどりの野菜を見て回ることがある。最近では外国からの輸入野菜が増え、ブロッコリーやカラーピーマンなど国産のものより大きめの野菜が目立つ。東京ネギやハクサイも見るからに立派だ。思わずそっと指を出し、白い部分を押してみる。野菜の硬さが指を押し返し、

「やっぱり自分で作るしかないな」

と感じる一瞬である。

手づくり野菜を食べはじめた頃に感じたわが家の有機野菜の特徴には次のようなものがある。正確には「とりたて」の新鮮さも加味されているので、「わが家の菜園のとりたて有機野菜の特徴」といった方が的を射ているかもしれない。

一　甘味がある

タマネギのスライスサラダは、水にさらさずそのまま食べられ、甘みがあってとてもおいしいというので、わが家の野菜のなかでもレタスやニンジンとならんで評判がよい。

二　その野菜特有の香りがある

ニンジンもカブも目をつぶっていてもそれと分かる香りがする。

三　その野菜特有の味がする

ブロッコリにはブロッコリの旨味が、サトイモにはサトイモ特有のおいしさを感じさせてくれる味がある。

ニンジンが大好物の友人は、うちのニンジンがお気に入りで、曰《いわ》く「お宅のニンジンはニンジンの味がする」。

四　生のままのキャベツやホウレンソウなどの葉菜は硬めに感じることもある

スーパーでは見た目が軟らかそうなホウレンソウの方が若い人たちに人気があるという。有機栽培の旬のホウレンソウは露地栽培で冬の寒気にあてるので、葉は厚みがあってごわごわした感触だ。寒さに耐えるため体内の水分を減らすからである。しかし湯がくと味がでるうえ、ほどよい軟らかさになる。

同じホウレンソウでも秋が深まってから種をまいて春先に収穫するものは、肉厚だけれど見るからに柔らかい。春先のコマツナも同じだ。

葉菜でもサニーレタスはやわらかくて味もよい。

五　ダイコンやカブなどの根菜やタマネギなどの茎菜は軟らかい

タマネギは芽が出てから新タマネギがとれるまでスーパーで買ったものを使うのだけれど、巻きがしっかりしていてとても固く感じる。市場に出荷するには硬いほうが輸送時の損傷が防げてよいのだろうか。

六　火の通りが速いけれど、煮崩れしない

いつも市販のダイコンに慣れている友人は、ダイコンがあまり速く煮えるので、調理のタイミングが狂ってしまうと言う。速く煮えるけれど煮崩れしない。しかし、デンプンの多いイモ類は、長時間煮ると煮崩れる。

畑のカブ

七　保存がきく

初めてレタスを作ったとき、一度に収穫して冷蔵庫にぎっしり保管した。六月のレタスは、畑に放置すると暑さで溶けてしまうからである。日差しのつよい夏場のレタスは葉がごわごわに見えたが、保存中にだんだん軟らかくなってきて、二週間以上過ぎても歯ざわりがよく、おいしくいただけたのには驚いた。このとき、野菜の知識が浅かった私は、「市販のレタスはきっと収穫後、冷蔵庫に保管して少し柔らかくしてから出荷されるのだ」などと思ったけれど、その後、四月、五月に収穫するレタスは、とりたてでも軟らかいことが分かった。

八　見た目は貧弱なものが多い

有機栽培の野菜は「養分をゆっくり吸収、ゆっくり生育」が特徴。しかも肥料が少ない方がおいしい野菜ができるので、とくに栽培期間の短い菜っぱ類はスーパーに並んだ商品のように大きく立派にならないものが多い。見た目を立派なものにしたければ、肥料を増やすとよいけれど、葉菜類はその分おいしさも安全性も失われる。

九　農薬を使用しないので、内部品質面からだけでなく、残留農薬の心配がないといった外部からの安全性もある。

十　少しずつ長く収穫できる

有機栽培する野菜は、生育に時間がかかるうえ、株ごとに生育の速さが異なる。そのため、できた順に少しずつ長期間収穫できるので、家庭菜園にはぴったりの栽培方法である。

十一　肥効がゆっくりなので追肥の必要がない

ナスは七月の収穫の盛りが終わってから、枝を三分の一くらい切り落としておくだけで、十月までおいしい秋ナスがたくさんとれる。春まきのツルなしインゲンも、一回目の収穫が終わって一息ついたところで二回目の収穫期が訪れる。

十二　外見からは判断できないが、たまに中が空洞だったり、虫喰いだったりしているものがある。イモムシが這っていたりすることもある。こんなときには落胆してしまうけれど、友人から、

ナス

「買った野菜にだって、ときどきそんなことはありますよ。スーパーの野菜とは味がはっきり違うと子供が言うんですよ」

と励まされると、また野菜づくりのエネルギーが湧いてくる。

虫って毒じゃないの？

まだ寒さの残る四月に収穫するために、トンネルで覆った畝のレタスの一部にアブラムシが群がった年があった。収穫するときには気づかずに家に持ち帰ったのだが、流しの中で洗いはじめると、何度洗っても細かいホコリのようなものが、ボールに張った水の上に浮いてくる。アブラムシは気味が悪いだけでなく、人の身体に何か害がありそうに思えて、捨ててしまおうかと思ったりもした。

「野菜につく虫は害がないのだろうか？」

と、気にかけていたある日のこと、「畑の害虫は人には無害である」という米国の学者の研究結果を報道する小さな新聞記事に出会った。長いこと気にかけていた疑問が晴れて、小躍りしたい気分にかられ、以来、虫の存在がさほど気にならなくなってしまった。

長野県出身の私の父親は、イナゴを煎って甘辛く味付けしたものが好物だったので、歯ごたえのあるイナゴが子どもの頃の食卓にたびたび上った。そんなこともあってか、同じ虫の仲間でも食べられる虫と食べられない虫があるのは、子どもの頃からの食習慣によるのではないかと思う。食卓に並んだ大根おろしのトッピングのしらす干しをお箸の先でつまんで、じっと観察してみると、何とも奇妙な形である。ふと、このしらすがコナガの幼虫に置き代わっても、野菜の害虫という先入観さえなければ、しらすと同じようにごく自然に食べられるのではないかと思ってしまう。

『虫を食べる人びと』によると、私たちは知らず知らずのうちに食物といっしょに昆虫を食べているという。食品の品質管理が行きとどいた現在でも、原料から製品に至るまでの過程で、昆虫の混入を完全に防ぐことはできないというのである。米国では、たとえばピーナツバター百グラムあたりの昆虫断片五十個というように、加工食品などへの昆虫混入の許容量が決められているのだそうだ。殺虫剤を多用すれば、もっと低く抑えられるはずだけれど、「有害な殺虫剤の混入」より「欠陥はあるが無害な自然物」を選択したということである。

目を世界に広げると、五百種類もの昆虫がいろいろな国の人びとの食用に供されているという。しかも毒ガの幼虫など、ごく一部を除けば、ほとんどの虫が無害で、あのウジでさえタンパク源としてとられているばかりか、胃病の漢方薬として用いられているというのだから、虫に対する感受性が少々鈍い私でも、虫の見方が画期的に変わってしまう。畑でよく見るコガネムシやカブトムシの甲虫類は焼いて食べられるというし、幼虫類は、ハスモンヨトウやメイガの幼虫などと同様、焼いたり炒めたりシチュウにしたりして食べられている。

それではタンパク源が豊富にある現在、昆虫は嗜好品かと思いきや、何と昆虫食が近い将来の世界人口の増加にともなう重要なタンパク源として真剣に考えられているというのだから、これまた驚愕の一言に尽きる。すでに農業の国際シンポジウムで、昆虫食の実情に関する発表や討議が行われているそうだ。昆虫は水分を除くと大部分がタンパク質と脂肪で、成長が速いうえ増殖率も高いので、タンパク質の生産に適しているというのである。加熱すれば、昆虫そのものに住みついている寄生虫も死んでしまうので害はなくなる。昆虫は食料だったのだ。

昆虫食というと、イナゴのように虫の形のままで食べることを考えてしまうけれど、乾燥して粉にしたりペースト状にすれば、一般の食材と同じように扱える。米国ではすでに、通常の料理にこのような食材を使ったレシピが紹介されているという。

近い将来、

「以前は虫のメニューもこんなに豊富じゃなかったわね」

「そうね。子どもの頃はハチの子とイナゴしか食べたことがなかったわ」

などと会話を交わしながら、日常的に昆虫食を楽しむ時代がやってくるのだろうか。

有機栽培と慣行栽培

有機栽培の畑

秋も深まったある日のこと、うちの畑をみたいという人がスーツ姿に革靴でやってきた。

畑に通じる空き地に足を踏み入れて、

「土がふかふかしてますね」

通るたびに踏み固まって、周囲より地面が低くなっている山の中の獣道のような狭い通路をちょっとはずれると、確かに土のやわらかさが足元に伝わってくる。この空き地は春から秋まで無数の雑草が季節ごとに主役を交代しながら密生する。虫や鳥たちに餌を供給して、秋の深まりとともに緑から茶色に変わる。風雨に打たれて地面に倒れ、鳥や虫たちの落とした糞とともに土に還る。虫や土中の小動物や微生物が協力しあって分解してくれるお陰である。大気の中で生産者の草、消費者の虫や鳥、分解者の微生物のあいだを炭素や窒素などが循環している

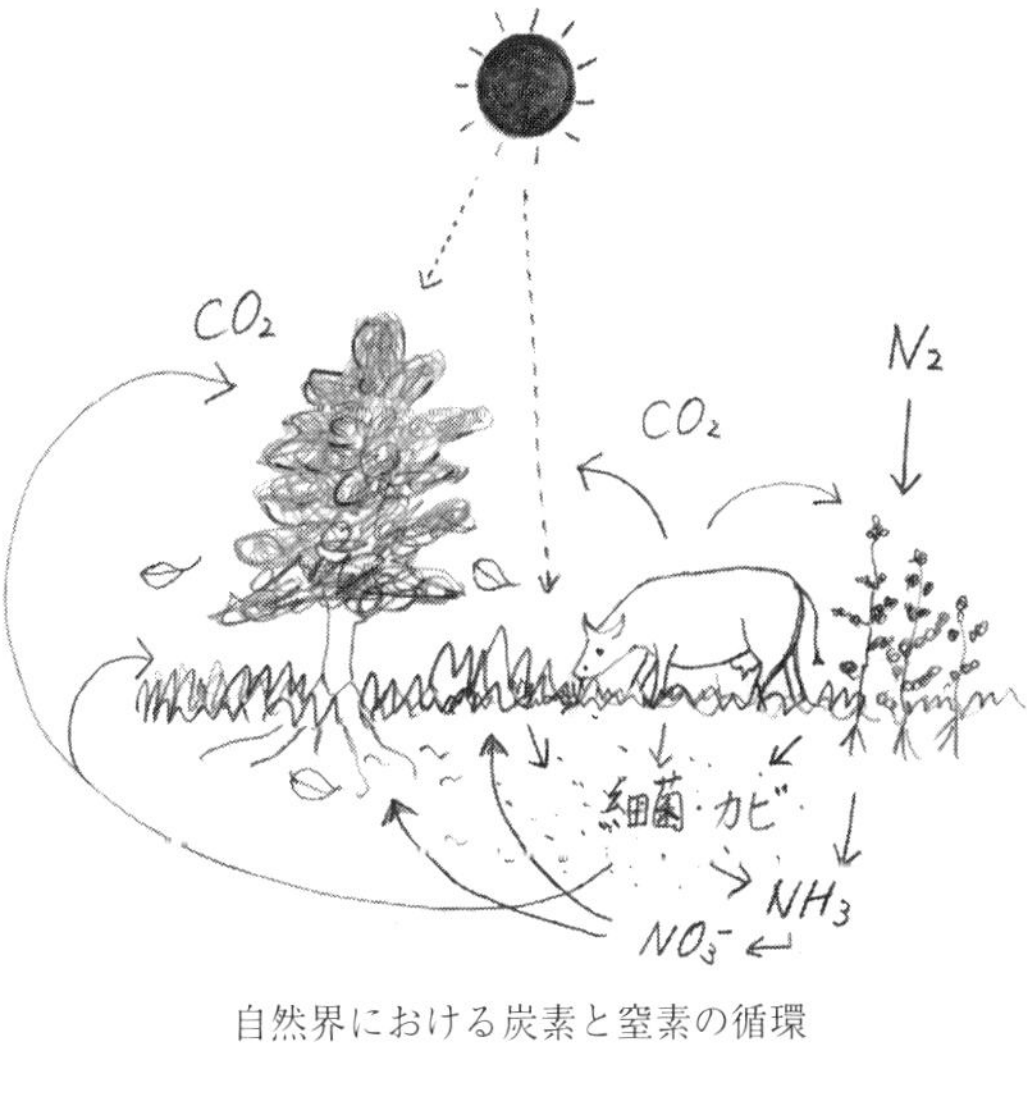

自然界における炭素と窒素の循環

はずだ。山や森の生態系のなかで毎年繰り返されている物質循環がここでも行われている
にちがいない。

有機栽培を一言でいえば、このような自然界の生態系のなかで行われている物質循環の輪のなかに作物を位置づけた栽培方法といえる。畑では生育した野菜が収穫物として外へ持ち出されてしまう。そこで、その分を有機質肥料を投入することで補う。自然界では虫たちや微生物が枯れ葉や枯れ草を分解して樹木や草に養分を供給するように、畑では有機質肥料を虫たちや微生物が分解して野菜の養分をつくる。自然界の中に人間社会も含めれば、この物質循環には人間の社会生活の営みから生じる有機質の廃棄物のリサイクルが加わることになる。一般家庭から出される生ゴミはもちろんのこと、畜産農家がかかえる家畜ふん尿、食品産業をはじめとするいろいろな事業所から出される有機質の廃棄物などが地域で堆肥化されて田んぼや畑に還元されたり、所沢市のように下水に重金属の混入の心配のない都市では、下水汚泥が堆肥化されて農地に還元されている。野菜を消費する人間の生活をも含めた大きな物質循環の輪が野菜づくりに活かされているのである。

「有機栽培って、有機質肥料を使うから有機栽培っていうんですか」

とたずねられたことがあるけれど、有機質肥料を使うということにはこんな意味が込められているのである。

したがって、野菜の栽培には自然界のような豊かな生態系をつくることと、気候風土に適した栽培時期を選ぶことが原則で、このことで野菜の虫喰いや病気は大方防ぐことができる。作付けする野菜や雑草の種類を増やすと、虫や微生物の種類も増え、バランスのとれた豊かな生態系ができて、地上でも土のなかでも野菜にとって悪玉がかたよって増えることがなくなるはずだ。虫が繁殖する時期をはずせば自然に野菜の虫喰いも減るが、輪作をしたり何種類もの作物を同時に栽培したりすれば、さらに効果が上がる。とはいえ、病害虫だって生きるのに必死だ。そう人の都合のよいようにばかりはいかない。そんなときには「百人いたら百様のやり方」があるといわれる有機栽培農家の腕の見せ所となる。それぞれに工夫を凝らし、各自の畑の立地条件、気象条件、土質、力量などに応じた病害虫防除の方法がとられる。

素人のわが家の菜園では、一年中いろいろな野菜が食べたいので、適期栽培の原則を破っている。破ったからには「虫たちは友達」と割り切ってもいる。それでも、野菜の病原菌を媒介するアブラムシとだけは友達になれず、毎年ソラマメにつくアブラムシ退治にはかなりのエネルギーを費やしてきた。幼病のうちに草木灰をまいたり、スプレーした牛乳が乾燥により収縮するのを利用して茎葉に群がった虫を退治してみたり、天敵のテントウムシをジャガイモの葉の上から移動させてみたり、周囲を囲むようにしてアブラムシのきらうニラやニンニクを育てたり、毎年あれやこれやと試してみても、なかなかうまく行かない。今年は、四月半ばにアブラムシの好きな芽を摘んでしまえばよいという情報を得た。早速試してみたところ、周囲をニンニクでしっかりガードされている苗に、アブラムシは寄ってこなかった。

大方の野菜は通常の気象条件下では、さほどの問題もなくできるようになった。夫の将来の夢は、わが家の菜園で大豆をつくって、豆腐、味噌、しょうゆを手づくりすることだという。しかし、その大豆がむずかしい。エダマメまではできるけれど、そのあとは虫のエサとなってしまい、いまだにわが家の菜園では大豆はできない。虫の害の典型である。悪玉微生物の害で今一番の問題はホウレンソウだ。プロでさえむずかしいというホウレンソウは、わが家の菜園では作付けのたびに、でき不できが激しくて安定しない。それでも、自家用に種を十センチ幅くらいに条まきして発芽し、生育を始めてしまえば悪玉菌の害はさほど気にはならなかった。ところが堆肥の連用試験を始め、そこで種を一粒ずつ筋まきすると、一株ずつの存在が明らかで、悪玉菌の害がはっきりと目に見える。最初は半熟堆肥のせいだとあちこちで言われ、自分でもずっとそう思い込んでいた。しかし、毎年ホウレンソウとニンジンをそれぞれ秋口と春先に播種しても、ニンジンには土壌微生物の害は全くない。ホウレンソウだけが年ごとに悪くなるのである。

四年目の今年、堆肥に気を取られ、有機栽培の原則を忘れていたことにやっと気がついた。有機栽培では、ホウレンソウは二年以上十分な輪作をして、タマネギなどのユリ科野菜かスイートコーンを栽培した後の微生物バランスが十分にとれた土壌でしかうまく生育してくれないのである。同じ科に属する野菜はつづけて作らないとか、ダイコンはスイートコーンの後作になど、土壌微生物の害を防ぐために、有機栽培には輪作のルールがあるが、ホウレンソウの場合は特に要注意である。

土の中にはピシュウム菌というカビがいて、ホウレンソウの幼苗を立ち枯れさせる仕事をしている。土壌消毒が習慣になっている慣行栽培の畑で、消毒しないでホウレンソウを播種したとき、ピシュウム菌が猛威を振るって幼苗をほぼ全滅させてしまった光景を見たことがある。土壌消毒が結局は微生物のバランスを崩し、悪玉菌ばかりがのびのび増える環境をつくることになってしまったにちがいない。

ピシュウム菌の害をまぬがれて生育しても、今度はアファノミセス菌による根ぐされ病、フザリウム菌による萎凋病《いちょうびょう》、ウイルスによるモザイク病、さらにブロードビーンウイルトウイルスによって葉が枯れて壊死するえそ萎縮病など、ホウレンソウにはさまざまな病原菌が土の中で待機している。微生物にくわえて根切り虫までが悪のりすることもある。それぞれ被害にあった株の数はさほど多くはないけれど、どの病状も見たことがあるような気がするので、わが家の菜園にも悪玉菌のメンバーは揃っているはずである。

ホウレンソウは暑さと湿気をきらう葉菜である。イランの山地が原産の野菜で、原産地は標高が高く寒いうえ、年間雨量は東京の五分の一しかないという。ハウス栽培やトンネル栽培は暖をとるためのものとばかり思っていたけれど、ホウレンソウの場合は雨除けのためでもあるのだそうだ。風通しのよい乾燥した高台をわざわざ選んでホウレンソウをつくる農家もあるくらいである。

数年前のお正月、自然農法で有名な山間の農場を見せていただいた。山を切り開いた広大な農地に、一般の農家の畑のように整然と畝が切られ、その限りでは慣行農法の農地と変わりないのだけれど、この寒い冬のさなかでも畝や畝間には雑草が地面にへばりつくように繁茂している。ブロッコリーは株ごとに丈の高さや葉の広がりが違い、慣行農家の畑のように作物の大きさがピシッと揃ってはいない。虫に喰われた跡もある。都会の近郊とは異なり山間は虫が多い。当然、野菜にも虫がつきやすいはずだ。農場では雑草の種類を増やし、生態系を豊かにすることで虫喰いを防ごうとしているそうだ。

作物の大きさが株ごとに異なるのは、有機栽培の特徴である。有機栽培の野菜は、養分を土の中の微生物に頼っている。野菜は微生物が徐々に分解してくれたものをゆっくりとしか吸収できない。それに有機質肥料は工業製品とは違い、どの部分をとっても品質が均一とはいかないし、土の中の微生物の数も場所によって違う。

さらに、その微生物の種類も豊富だ。有機質肥料の成分のうち、簡単に溶け出す糖やアミノ酸などを吸収して分解してくれる細菌や糸状菌のようなカビ類、セルロースやヘミセルロースのような炭水化物を、酵素を体外に出してブドウ糖やアミノ酸に分解してから吸収するコウジカビやアオカビなど、それに硬いリグニンの部分を細胞外酵素で分解する白色木材腐朽菌などさまざまである。さらにこの分解の仕事は、土の中のミミズやヤスデ、ダニやダンゴムシなどの小さな動物たちも、食べてこなれたものを糞として体外に出して細菌やカビが分解しやすくすることで協力してくれている。あのちょっと触れるだけでコロンと丸い玉になってしまうダンゴムシは、きれいな枯れ葉を一晩のうちに虫喰い葉にしてしまう。微生物も小動物も、みなそれぞれの置かれた条件や都合で食欲を満たすので、養分の供給も均一にはいかないのである。

このようにして作られた有機野菜は、農協がもとめる規格にはあてはまらない場合もある。販売方法も、多種類の野菜を生産する有機栽培農家は「外見よりは内部品質」という安全志向の消費者に契約販売とか提携という形で、土のついたままの野菜を段ボールにパックして家庭に送るケースが多い。「提携」というのは、契約販売のように農家が単に野菜を消費者に販売するだけでなく、安全な野菜の供給に生産者と消費者が互いに協力しあうというシステムである。したがって、消費者が野菜づくりを手伝う援農もおこなわれる。

比較的分解の速い有機質肥料を大量にほどこせば、化学肥料と同じように株の大きさが揃って規格にかなったものができるはずだ。慣行栽培の野菜と肩を並べて市場に出荷しようとすれば、こうする他はない。しかし、それでは味も落ちるしアクも多くなる。肥効が遅いという有機質肥料の特徴が裏目に出て、肥切れが悪いためである。せっかく有機栽培で野菜をつくる意味が半減してしまう。

慣行栽培の畑

ある年の秋、慣行栽培の農家の畑でホウレンソウを栽培させていただいた。慣行農家の畑は子供の頃から見慣れた畑の原風景で、畝も作物も整然としていて快い。慣行栽培では作物の種をまく前に土壌を消毒する。ホウレンソウの幼苗を立ち枯れさせてしまうピシュウム菌や葉を縮ませるフザリウム菌などの病原菌を殺すためである。有毒ガスなので、消毒が終わって、土壌からガスを抜くために豆トラで耕耘している最中に頭痛におそわれた。人間にも害があるくらいだから、有機栽培の畑でうようよ這いまわる虫たちや土中のミミズは、ここでは見あたらないし雑草も生えていない。したがって土はうちの畑のごろごろとした団粒構造の土とはちがい、さらさらしていて気持ちよい。有機栽培の畑を見慣れた目には、実に美しくて気持ちよいのだけれど、まさに無機の世界のイメージでもある。

二十年ほど前に、初めて土壌消毒をしたとき、いつものとおり化学肥料を施してホウレンソウを栽培したところ、ホウレンソウが十数センチまでしか育たないのに蕾をつけてしまったことがあったという。土壌消毒でアンモニアを野菜の好きな硝酸に換えてくれる硝化菌まで死んでしまったため、硫酸アンモニウムのアンモニアがホウレンソウの好きな硝酸に酸化されなかったからだろうか、今でも一般に使われている化学肥料は硫酸アンモニウムが主だけれど、初めから硝酸を混ぜた肥料も使われているという。硝酸はすぐに土壌水に溶けて硝酸イオンになる。硝酸イオンはリン酸イオンと同様マイナスイオンで、これまたマイナスイオンの土壌の粘土には吸着されにくい。雨の多い日本では雨水に流されやすいので、多用した農薬と同様、地下水汚染の原因になるのではないだろうか。

十アールあたりの窒素施用量は、日本は世界平均の倍以上だという。土に施された窒素肥料のうち約〇・三%が亜酸化窒素となって大気中に逃げて地球温暖化をもたらす原因にもなっているといわれている。脱窒菌が、特に土壌が湿潤で酸欠状態の時、硝酸を亜酸化窒素や窒素ガスにして大気中に放出してしまうためである。しかし、畑には亜硝酸ガスや亜硫酸ガスのような大気汚染ガスを吸収する機能が、金額で評価すると千五百億円もあるという。一九九一年の三菱総研の調査によれば、市場で評価されない畑の機能が、この大気浄化機能のほか、洪水防止機能など、あわせて二兆円にも上るのだそうだ。これは水田の半分以下だが、畑地が環境に果たす役割の大きさを十分に示している。

土壌に含まれる有機物が多いと、土の中の生き物が増えて肥料を取り込み、保肥力が増すので、窒素やリンは有機態の形で土の中に保存される。したがって施す肥料の量も少なくて済み、さらに輪作をすることで土の中の微生物相が豊かになって悪玉菌だけが増えるということもなくなる。病気が減って農薬の出番も少なくなるはずだ。家畜ふんや生ゴミや企業から出る有機質の廃棄物を堆肥化して農地の土づくりに役立て、十五年かけて慣行栽培の畑で使う化学肥料も農薬も半分に減らそうと、今埼玉県は「有機一〇〇倍運動」を展開中である。連作障害が出ないように輪作体系を確立したり、天敵を利用して害虫防除に努めることは、安全で良質な農産物を消費者に供給するというだけでなく、自然界の物質循環の輪を大きくし、健康な生活を営むための環境づくりに大いに役立つといえるのではないだろうか。

私が鍬で畝を切り、手でポリマルチをかけている間に、農家のご主人は肥料を投入した畑に、ポリマルチで覆った畝をつくるのと種まきを同時にこなす便利な機械を稼動させた。三百坪の広さは千平方メートルで、畑の場合はこれを十アールというのだけれど、この十アールの畑に畝を切ってポリマルチをかけ、ホウレンソウの種をまくのに費やした時間はたったの数時間。

「科学技術の力はすごい！」

豆トラと鍬が頼みの私は、ただただ感心するばかりである。

種をまいた後、すぐにタネバエの殺虫剤の粒を散布する。イエバエを白っぽくしたようなタネバエはホウレンソウの幼苗の細い茎に産卵して、ホウレンソウをダメにしてしまうという。わが家の菜園では気づかなかった虫害である。しかし、うちの畑でもタネバエを見かけたことがあるので、ことによると目立たない程度の害はあるのかも知れない。芽が出て本葉が出てくると、今度は殺菌剤をかける。ベト病やモザイク病などの原因となるカビやウイルスを殺すためである。雨後は虫がつきやすい。ホウレンソウにはシロオビノメイガという白帯模様のガが葉に卵を産みつけるという。卵は元気のいいアオムシに孵り、葉を喰い荒らす。そこでまた農薬が登場することになる。

「慣行栽培は化学薬品によって土を作り、化学薬品によってホウレンソウを守り育てる」これは生き物の力で土を作り、生き物の力でホウレンソウを守り育てようとする有機栽培の世界にいる私が慣行栽培の畑で受けた強烈な印象である。

有機野菜の栽培方法は「百人いたら百様のやり方」があると言われているけれど、慣行栽培とて同じ。化学肥料や農薬を使うことでは変わりなくても、その量や使う時期、回数は農家によってみな違う。堆肥は肥料としてではなく、土壌改良材として畑に投入するのだが、手間のかかる堆肥の投入量も農家によってさまざまだ。それぞれ農家の経験と知恵の結晶が活かされ、土壌消毒の回数も殺虫剤や殺菌剤の利用も、出荷するときの標準規格を意識して虫喰いは御法度だけれど、作物の種類や栽培時期に合わせて最小限に抑え、経費も労力も節約している。この節約が結局は、より安全な野菜を供給することになって、消費者の利益にも叶うことになるのは愉快である。

生産された農産物は、店に並んだとき消費者に気に入られるように見た目がきれいに手入れされる。ホウレンソウは黄ばみやすいジャミとよばれる外葉を落とし、ニンジンは洗浄機のなかで一皮剥かれる。うす皮をはぐと艶がでて、おいしそうに見えるのである。それればかりか、この薄皮をはぐことで、外皮といっしょに土についた有害物質も洗い流されてしまうはずだ。お化粧の後は流通に便利なように指定された規格に分けられる。ホウレンソウの場合、サイズはもちろんのこと、株の太さも細からず太からず、束ねたときに一定の本数でまとまるように指導される。標準規格にあった製品が水洗されて段ボールに詰められ、工業製品のように農協を通じて市場に出荷される。

有機栽培の農家のなかには、まだ農薬が人に有害だった時代に、薬害で身体をこわし、自分の身を守るために有機栽培に切り替えた農家もあると聞く。農薬も改善に改善を重ね、今では決められたとおりに使われる分には危険はないはずだ。しかし、収穫後の野菜は、あたかも工場で作られた工業製品のように扱われるけれど、畑で野菜が作られるときには、工場のような緻密な管理は及ばない。農家の良識と能力に頼る他はない。悪天候がつづき、収穫直前に産卵した卵が孵って、集荷場でアオムシにひょっこり顔を出された日には農家としては信用を失う。

「悪いけど、出荷前に散布させてもらうよ」

という気持ちになったり、

「安全をみて肥料も農薬も多め、多め」は人情だ。残留農薬が問題になる所以である。

残留農薬の検査は、出荷先の東京都の市場で衛生局によって行われている。平成十年度の検査では、三十五種類、二百一品目のうち、キャベツ、キュウリ、トマト、ピーマンなど六種類七品目から十種類の農薬が検出されたが、すべて食品衛生法で定められた残留基準値内だったというので、ひとまずは安心できる。

野菜の外見品質には標準規格が設定されているが、栄養価や有害成分の含有量などの内部品質の規格はまだない。身体に有害な硝酸の含有量が少ないものも多いものも、ビタミンCの多いものも少ないものも、外見の標準規格に合いさえすれば価格は同じである。

とはいえ、野菜が工業製品のように扱われていることで、膨大な人口を養うために安定して供給できる量が確保されている。有機野菜、それも内部品質を意識した有機野菜が安定して供給できるようになるまでには、まだまだ時間がかかる。安全でおいしくて栄養価の高い野菜を食べて健康で豊かな生活を送るには、野菜を手づくりするのが一番ということだろうか。

ＪＡＳ規格の「有機野菜」

二〇〇一年四月から改正ＪＡＳ法が完全実施され、「有機」と表示できる野菜は「有機ＪＡＳマーク」がついたものだけに限られる。これまでスーパーでは「有機」と表示された食料品が多く目についていた。「有機」というと何となく安全な食品というイメージを持ってしまいがちだが、実際にＪＡＳ規格に定められた方法で有機野菜をつくるのは大変なことだ。思わず、

「有機野菜って、本当にこんなに沢山生産されているのだろうか」

という疑問をもってしまう。

これまでも有機農産物の表示に関するガイドラインはあった。しかし強制力がなく、不

有機 JASマーク

適切な「有機」表示が氾濫していたため、有機食品の検査認証制度を導入し、罰則規定をつけて正しい表示が徹底されることになったのだという。

日本農林規格、つまりＪＡＳ規格によれば、有機野菜は有機栽培の畑の条件や生産行程がきちんと管理されて栽培された野菜で、できた野菜の外観は問われない。したがって「有機ＪＡＳマーク」が付けられるホウレンソウやニンジンなどの野菜は、現在市場に流通している野菜のサイズや色や形などの規格は適用されないので、安全でおいしい、大型のごわごわしたホウレンソウやおいしくて安全だけれど見た目が貧弱な野菜も市場を通して商品として店頭に並べることもできる。しかし、現実問題として、有機野菜は契約販売や提携によって生産者から消費者に直接届けられているケースが多いので、「有機ＪＡＳマーク」のついた野菜がすぐに店頭に豊富にでまわるとは考えにくい。この本に書かせていただいた「有機農家」では九十パーセントは有機質肥料を使っているけれどミネラルだけは化学合成肥料を使っていたり、肥料は有機質肥料だけしか使わないけれど、有機野菜だからといっても虫喰い野菜はつくりたくないので最小限の農薬は使っていたりする。また農薬も化学肥料も使わずに有機野菜を生産している農家も市内にあるけれど、この農家も有機野菜の生産行程管理者としての認定をうける意思はないそうだ。どの農家もつくる野菜を信頼して買ってくれている消費者がおり、すでに生産者と消費者のあいだに独自の流通システムが成り立っている。今になって改めて有機農家として認定されるメリットはないということのようである。

輸入ものや消費者と直接契約販売していない農家がつくる「有機ＪＡＳマーク」つきの野菜が店頭に並ぶようになったときでも、やはり見た目がきれいな野菜の方が売れるなら、内部品質が軽視された野菜が有機栽培でつくられることになる。おいしくて硝酸などの有害成分が少ない内部品質本意の有機野菜がつくられるかどうかは、消費者のニーズ次第ということになろうか。

主な参考文献

ANNA PAVORD, *THE NEW KITCHEN GARDEN*, DORLING KINDERSLEY

畦倉実著『農の風景』朝日新聞社

池部誠著『野菜探検隊世界を歩く』文芸春秋社

井上真由美著『やさしいカビの基礎知識』オーム社

Edward G. Heisler, et al., Changes in Nitrate and Nitrite Content, and Search for Nitrosamines in Storage-Abused Spinach and Beets. *J.Agr. Food Chem. Vol.22, No.6 1974*

大久保増太郎著『日本の野菜』中公新書

大蔵省『官報　号外第１３９号』

小原哲二郎他監修『食品分析ハンドブック』建帛社

Official Journal of the European Communities 1.2.97

科学技術庁資源調査会編『四訂日本食品標準成分表』

粕川照男著『野菜の科学』研成社

カトリーヌ・ドゥ・シルギューイ著『有機農業の基本技術』八坂書房

岸國平・上住泰共著『野菜の病害虫防除』家の光協会
久馬一剛他著『新土壌学』朝倉書店
栗原堅三著『味と香りの話』岩波新書
『埼玉県長期ビジョン』埼玉県農林部
『埼玉農業振興ビジョン』埼玉県農林部
桜井英博他著『植物生理学入門』培風館
ジャン＝マリー・ペルト著『おいしい野菜』晶文社
ジョセフ・A・コカヌア著『土と雑草』農文協
高橋英一著『肥料の来た道帰る道』研成社
高橋英一著『作物栄養の基礎知識』農文協
『東京都中央卸売市場年報　農産物編　平成七年』東京都
『くらしの衛生』東京都食品環境指導センター
内藤博他著『新栄養化学』朝倉書店
中山草司著『無農薬のミニ菜園入門』大泉書店
西尾道徳著『土壌微生物の基礎知識』農文協
西尾道徳著『有機栽培の基礎知識』農文協
日本化学会編『驚くべき生命力の科学』大日本図書

主な参考文献

日本土壌肥料学会編『有機物研究の新しい展望』博友社
日本有機農業研究会編『有機農業ハンドブック』農文協
農文協編『農業技術大系　土壌施肥編』
農文協編『農業技術大系　野菜編』
服部勉著『微生物を探る』新潮社
原剛著『日本の農業』岩波新書
廣田伸七編著『ミニ雑草図鑑』全国農村教育協会
古川久彦著『きのこ学』共立出版
前田浩著『ガンは予防が最大の戦略』菜根出版
松阪泰明・栗原淳監修『土壌・植物栄養・環境事典』博友社
三橋淳著『世界の昆虫食』古今書院
三橋淳編著『虫を食べる人びと』平凡社
宮田秀明著『ダイオキシン』岩波新書
明治製菓『微生物　電子顕微鏡の世界』
本橋征輝著『農薬を使わない家庭菜園』家の光協会
野菜供給安定基金『野菜標準規格のてびき』
山崎耕宇他著『植物栄養・肥料学』朝倉書店

吉長元孝他編『園芸療法のすすめ』創森社

この他、『日本土壌肥料学雑誌』など学術雑誌の論文や官公庁の資料、野菜の作り方に関する刊行本などを数多く参考にさせていただきました。

著者：三井和子（みつい　かずこ）

東京に生まれる。
同志社大学卒業。
1988年から有機の家庭菜園を始め、現在にいたる。
土壌環境に興味をもち、現在、大学で勉強中。

有機畑の生態系
——家庭菜園をはじめよう

2001年4月10日　第1刷発行

発行所　（株）海鳴社

〒101-0065　東京都千代田区西神田2-4-5
電話：（編）(03) 3234-3643 (FAX共通)　（営）3262-1967
振替口座：00190-3-31709
組版：海鳴社　　印刷　製本：（株）シナノ
e メール：kaimei@d8.dion.ne.jp

出版社コード：1097
ISBN 4-87525-199-8